T0364976

Designing Motion

Markus Caspers

Designing Motion

Automobildesigner von 1890 bis 1990

Birkhäuser
Basel

Konzept, Layout und Satz: Markus Caspers
Lektorat und Projektkoordination: Silke Martini
Herstellung: Heike Strempel
Umschlaggestaltung: Res Eichenberger Design, Zürich

Papier: 135 g/m² Magno volume
Druck: BELTZ Bad Langensalza GmbH

Library of Congress Cataloging-in-Publication data
A CIP catalog record for this book has been applied for at the Library of Congress.

Bibliografische Information der Deutschen Nationalbibliothek
Die Deutsche Nationalbibliothek verzeichnet diese Publikation in der Deutschen
Nationalbibliografie; detaillierte bibliografische Daten sind im Internet über
http://dnb.dnb.de abrufbar.

Dieses Buch ist auch als E-Book (ISBN PDF 978-3-0356-0777-2; ISBN EPUB 978-3-0356-
0774-1) sowie in englischer Sprache erschienen (ISBN 978-3-0356-0982-0).

© 2016 Birkhäuser Verlag GmbH, Basel
Postfach 44, 4009 Basel, Schweiz
Ein Unternehmen der Walter de Gruyter GmbH, Berlin/Boston

Gedruckt auf säurefreiem Papier, hergestellt aus chlorfrei gebleichtem Zellstoff. TCF ∞

Printed in Germany

ISBN 978-3-0356-0981-3

9 8 7 6 5 4 3 2 1   www.birkhauser.com

Inhalt

Design?
Automobildesign!

Der Designer Flaminio Bertoni mit einem Tonmodell des Citroën 7 CV, um 1934

Design? Automobildesign!

Gleich, um welchen Alltagsgegenstand es sich handelt, es gibt davon immer eine „Design"-Variante. Natürlich ist jeder Föhn von irgendjemandem designt worden, hat sich ein Team von Profis Gedanken um die Form und Funktion der äußeren Hülle gemacht – doch daneben gibt es die besonderen, meist hochwertigen und teuren „Design"-Produkte. Während es einen teilweise zu musealen Weihen gereiften Kanon designter Gegenstände gibt, fällt auf, dass unter dem Begriff „Design" vor allem Möbel, Einrichtungsgegenstände, Arbeitswerkzeuge, Haushaltswaren, Mode und vieles mehr subsumiert werden – nur ein Objekt wird in den meisten Fällen ausgespart: das Automobil. Und das, obwohl dieses „technische Zentralobjekt der Moderne", wie es der Philosoph Peter Sloterdijk zu Beginn der 1990er Jahre genannt hat, vor jeder Haustüre steht, die Straßen der Städte okkupiert, Segen und Fluch der industrialisierten Welt ist, nach wie vor Individualisierung und Mobilität verheißt und dem Menschen des 20. Jahrhunderts zu ungeahnten Möglichkeiten verhalf.

Das Automobildesign ist parallel zum Industriedesign entstanden, was eigentlich nicht weiter verwundern sollte, schließlich ist es eine spezialisierte Form desselben. Doch obwohl sich am Automobil als Massenprodukt die industrielle Formgebung viel früher verwirklichen konnte als an vielen anderen Gegenständen, fristet die Formgebung der automobilen Fortbewegung ein Nischendasein. Die Schöpfer von Prototypen oder Kleinserien von Möbeln genießen Künstler- oder Kultstatus, sie avancieren zu Markenzeichen. Die Schöpfer von millionenfach produzierten Automobilen bleiben dagegen weitgehend unbekannt. Während es mittlerweile zur Allgemeinbildung gehört, Gegenstände als „Bauhaus" oder „Eames" identifizieren zu können, spricht niemand von einem „Buehrig" oder einem „Opron", den er fährt oder gerne fahren würde. Das Automobil differenziert sich in der Wahrnehmung vor allem nach Marken, nicht nach Designern.

Das schlägt sich auch in der Literatur nieder. Werke zum Thema Automobildesign sind weltweit rar. Während sich im europäischen, beson-

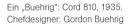

Ein „Buehrig": Cord 810, 1935.
Chefdesigner: Gordon Buehrig

ders im deutschen Sprach- und Kulturraum in den vergangenen Jahrzehnten eine lebhafte Diskussion um Designtheorie und -geschichte entspann, blieb in den maßgeblichen Beiträgen das Design von Automobilen eine Randerscheinung. In der ideologie- und gesellschaftskritischen Phase der Designtheorie zwischen 1950 und 1980 galt es als „Styling" und glitt damit zur niederen Form einer rein am Tauschwert orientierten Produktgestaltung herab. Der Brite Reyner Banham war der erste und lange auch der einzige europäische Designtheoretiker, der das Automobil in den Diskurs und den Kanon aufnahm. In Aufsätzen wie „The Machine Aesthetic" und „Design by Choice" schrieb er seit 1955 über die damals neue Produktästhetik, zu der selbstverständlich auch das Automobil gezählt werden müsse.

Eine Ausnahme von der geschilderten Situation finden wir in den USA. Hier ist die Geschichte des Automotive Design untrennbar mit der Vorstellung von Selbstverwirklichung durch Automobilität verknüpft. Gesamtgesellschaftliche und individuelle Vorstellungen fanden bereits seit den 1930er Jahren Eingang in die Formensprache der industriellen Produktion von Konsumartikeln. „Streamline", „Rocket Age" oder „Hot Rodding" dienten als Folie für ein Design, das nicht zuletzt den sozialen Status reflektierte. Die Stylingabteilungen der amerikanischen Automobilhersteller gelangten zu großem Einfluss und avancierten zu Schöpfern kollektiver Projektionen. Entsprechend blieb die Aufmerksamkeit für Industriedesigner nie auf ein Fachpublikum beschränkt, sondern erreichte auch die Titelseiten der großen Magazine und die Berichterstattung über gesellschaftlich relevante Ästhetik. Bereits gegen Ende der 1970er Jahre begannen sowohl professionelle Insider als auch Wissenschaftler mit einer historischen Aufarbeitung des Automotive Design. Exemplarisch ist das Projekt der University of Michigan zu nennen, die unter der Leitung von David Gartman seit den späten 1980er Jahren Interviews mit Designern der „Großen Drei" General Motors (GM), Ford und Chrysler führten und damit die Geschichte eines Berufsstands aufzeichneten.

Ein „Opron": der Citroën SM von 1970.
Chefdesigner: Robert Opron

Mit dem Boom der klassischen Automobile ist in den vergangenen zwei Jahrzehnten auch das Interesse am Automobildesign gewachsen – sei es als Differenzierungsmerkmal zwischen Varianten innerhalb von wertvollen Kleinserienexemplaren, sei es als Versuch einer stilistischen Einordnung von Typen, Produktionszyklen und dem Zeitgeist von Epochen. Parallel dazu kann man einen starken Retro- oder Nostalgietrend beobachten, der auf das Design des Mid-century Modernism fokussiert, dieses aber mit Einrichtungsgegenständen und Objekten der 1960er und 1970er Jahre kombiniert. In diesem Lifestyle-Bezug erfährt auch das Automobildesign eine neue Wertung, weil die Alltags- oder „Butter-und-Brot"-Autos der jeweiligen Epoche integriert werden; das Interesse an Design (und sei es nur als soziales Distinktionsmerkmal) schließt das Automobildesign mit ein.

Im Produktions- und Vermarktungsprozess ist Design seit Jahrzehnten ein entscheidender Faktor, und in der gesellschaftlichen Wahrnehmung ist es als ästhetische Größe sozialer Differenzierung akzeptiert. Im kulturellen und intellektuellen Diskurs ist die Formgebung industrieller Produktion häufig sogar an die Stelle der Kunst getreten und dient der Analyse gesellschaftlicher Befindlichkeiten. Doch jenseits ungezählter Veröffentlichungen zu Automobilmarken und Herstellern gibt es kaum Arbeiten, die sich auf den Kern des Automobildesigns konzentrieren: seine Entstehung, seine theoretische Entwicklung in Abgrenzung und parallel zum Industriedesign, seine Sozialgeschichte. Fokussiert auf die Menschen, die sich seit gut hundert Jahren hauptberuflich der Gestaltung von Landfahrzeugen widmen, die Automobildesigner, möchte dieses Buch einen Beitrag leisten, diese Lücke in der Autodesign-Publizistik zu schließen – wohl wissend, dass weder die Entwicklung des Automobildesigns abgeschlossen ist noch die Liste der Beteiligten und Genannten je vollständig sein wird.

In diesem Buch soll die Geschichte einer Branche nachgezeichnet werden, von der Entstehung des Automobildesigns um 1890 bis zu dem Punkt, an dem eine neue Markenstrategie in den 1990er Jahren

Die Designabteilung bei AMC um 1960: Designchef Dick Macadam begutachtet ein Clay-Modell des AMC Rambler.

einen Verständniswandel mit sich brachte. Denn von nun an wurden die Designer noch mehr als bisher auf die Schaffung eines Markengesichts, eines Flottendesigns, einer Brand Identity verpflichtet; eine Maßgabe, die das Entwerfen deshalb nicht weniger spannend oder qualitativ hochstehend machte, aber den Rahmen der individuellen Eingriffsmöglichkeiten zugunsten eines kollektiven Designprozesses verminderte. Während die große Linie von einem Head of Design oder Design Director vorgegeben wird, kümmern sich die Abteilungen vorrangig um die Adaption der großen Linie auf alle Produkte, um die Modellpalette sofort als Markenprodukte identifizierbar zu machen. Letzteres markiert wohl den größten Unterschied zur vorangehenden Epoche zwischen 1960 und 1990. In jener Zeit waren die Entwürfe vieler Hersteller, vor allem der italienischen Designstudios, geradezu beliebig und austauschbar; man kann von einem „Carrozzeria-Prinzip" sprechen, nach dem ein Grunddesign an verschiedene Hersteller verkauft wurde. Jenseits des Frontgrills mit dem Markenemblem kam eine Markenidentität im heutigen Sinn nur in Ausnahmen vor. Die daraus entstehende Austauschbarkeit und die Vielfalt im Erscheinungsbild zeitgleicher Automobile beflügeln auch heute noch unsere Phantasie und Erinnerungen. Design lässt sich begreifen als ästhetische Manifestation von Ideen, die eine Gesellschaft zu einer bestimmten Zeit auf Habitus und Rituale bezogen erzeugt; oder kurz formuliert: Ästhetik ist die Form einer sozialen Spur. Gesellschaftliche Parameter ändern sich und mit ihnen das Design. Wer heute die Formen vergangener Jahrzehnte „schöner" findet als das zeitgenössische Design, heftet das Gefühl einer für ihn als schön erlebten oder erträumten Zeit an die Formen, die selbige verkörpern bzw. evozieren.

Die Vorstellungen, die wir mit Mobilität verbinden, schlagen sich seit etwa 1920 in den Formen der Automobile nieder. Der große Traum, topografische und soziale Mobilität zu verknüpfen, ist uns mittlerweile alltäglich geworden, mancherorts jedoch noch nicht eingelöst. Das Design als Kulturtechnik wird uns nicht zeigen, wie wir in Zukunft fahren werden – wir müssen als Gesellschaft Ideen für eine Zukunft entwickeln, die dann zu Formen werden können, in denen wir uns wiederfinden. Die letzte Epoche, die dies vermochte, waren die 1970er Jahre; dementsprechend gewagt und naiv war das Design jener Jahre. Heute schauen wir wehmütig zurück in diese Zeit, die wichtige Impulse bei der Formgebung von Automobilen, Einrichtungsgegenständen, Kleidung und Häusern ausstrahlt. Während heute das Retrodesign an alte Formen anknüpft, die vor langer Zeit für Zukunft standen, versuchten Designer früherer Jahrzehnte, Zeitgenossenschaft und einen Ausblick auf das, was kommen mochte, in eine konsistente Form zu bringen. Die Geschichte des Automobildesigns erzählt vom zähen Kampf mit den alten Formen der Fortbewegung wie der Kutsche, von der Orientierung an Großformen, die mit der Fortbewegung auf dem Land nichts zu tun haben (Schifffahrt, Luftfahrt, Raumfahrt), und von dem Versuch, dem Automobil eine eigene Form zu geben, die im Großen und Ganzen auch heute noch Bestand hat.

Fahren im Jahr 1980 in der Vision von 1961: der zweirädrige Ford Gyron, designt von Alex Tremulis und Syd Mead

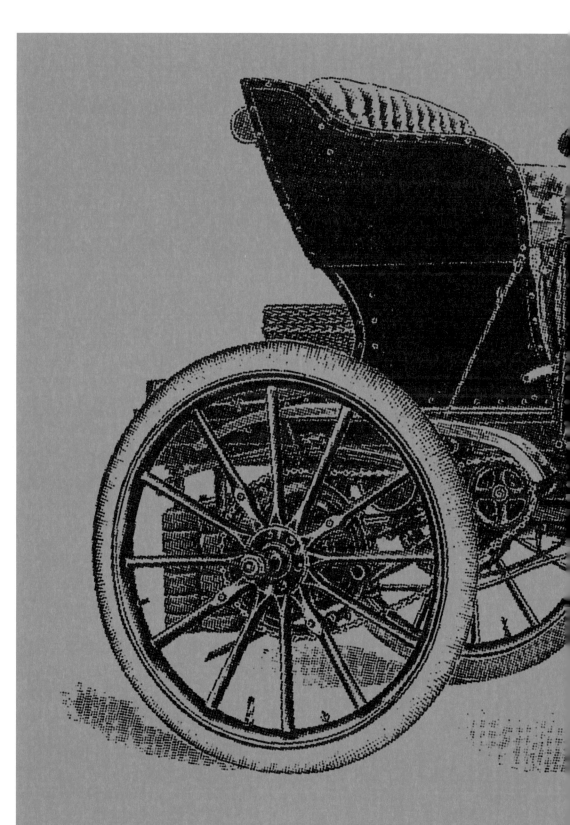

Formgebung des Motorfahrzeugs

Panhard & Levassor 8 CV von 1899

Formgebung des Motorfahrzeugs

Eine soziohistorische Genese

Im alltäglichen Diskurs meint Design die Gestaltung von Gebrauchsgegenständen. In einem engeren Sinn wird es mit dem Attribut „Industrial" versehen und meint die in den industriellen Planungsprozess eingebundene, professionelle Gestaltung von Produkten und Objekten zum Zweck der Serienfertigung. Design bezeichnet damit die Formgebung für prinzipiell unendlich häufig produzierte Objekte.

Der Begriff Design ist besonders im europäischen, nicht-englischen Sprachraum konnotativ aufgeladen. Meist wird mit dem Attribut „Design" versucht, die Waren- oder Produktform als qualitativ besonders hochwertig und ästhetisch bedeutsam auszuzeichnen. In der wissenschaftlichen Theorie war bis vor wenigen Jahren mit dem Begriff Design ein besonderer Anspruch an die Gestaltung verknüpft, der von einem ebenso besonderen historischen Verständnis und seinen ideologischen Implikationen determiniert war. Mit Design war häufig die nicht alltägliche, nicht massenhaft produzierte Form gemeint, sondern die von einem Designer-Künstler entworfene Prototypen- oder Miniserie hochwertiger und damit teurer Produkte.

Das sogenannte „heroische" europäische Design zwischen Weimarer Bauhaus und der Hochschule für Gestaltung Ulm (HfG) (also grob zwischen 1920 und 1970) war von der Massenproduktion häufig weit entfernt. Denn viele der hier wie dort konzipierten, scheinbar auf das rein Funktionale, Nützliche, Brauchbare, Sinnvolle reduzierten Objekte waren in der Produktion so komplex und teuer, dass sie nur einem kleinen, wohlhabenden Publikum zur Verfügung standen. Das gilt für die ersten Stahlrohrmöbel des Bauhaus genauso wie für die Phonogeräte der Firma Braun, die an der HfG mitentwickelt wurden. Zudem verfolgte man in Europa eher das Prinzip des Entwerfer-Künstlers, der meistens allein und nur in Ausnahmen (wie Peter Behrens bei der AEG) in einer größeren Entwurfsabteilung mit Kollegen zusammen arbeitet.

Die ökonomische Lage in Europa vor 1950 favorisierte Designanstrengungen, die sich zuerst der basalen Bedürfnisbefriedigung und damit der Gestaltung von nützlichen, unbedingt notwendigen Dingen

Mercedes Landaulet von 1913: Früher Versuch, die getrennten Einheiten Motor, Fahrerhaus und Passagierabteil in eine Gesamtform zu bringen

widmeten; das Schlagwort – mitunter ein Kampfbegriff – vom „Existenzminimum" kreiste um die Bereiche Wohnen und Mobilität. Ging es im
Europa der Zwischenkriegsjahre vorrangig um die Herstellung zumut-
barer Lebensverhältnisse für eine Mehrheit, so existierte in den USA
eine viel breitere Arbeiter- und Angestelltenschicht, die sich Dinge
leisten konnte, die in Europa den Vermögenden vorbehalten blieben:
elektrische Haushaltsgeräte, komfortable Sanitärinstallationen, ein Auto.
War das europäische Design grosso modo am Notwendigen orientiert,
so das amerikanische Design – auch Styling genannt – am technisch
und ästhetisch Möglichen.

Industrial Design, Automotive Design: Geburt einer Branche

In den Vereinigten Staaten begann mit dem Industrial Design als neuer
Branche auch die Organisation dieser neuen Entwurfsarbeit parallel zu
den Vorbildern aus bereits etablierten Büros und Abteilungen – von
kleineren Agenturen und Studios bis zu den großen Style Departments
der Markenhersteller. Harley Earl und Raymond Loewy, die fast zeitgleich das neue Entwurfsfeld begründeten, stehen exemplarisch für die
beiden Organisationsformen: Earl wechselte 1927 aus dem heimischen
Hollywood nach Detroit, um für den Cadillac-Ableger LaSalle (zum General Motors-Konzern gehörend) eine neue Karosserie zu entwerfen.
Kurz darauf entschied sich Earl für die kontinuierliche Arbeit bei GM,
und der Konzern initiierte den Aufbau der weltweit ersten automobilen
Designabteilung: der Art & Colour Section. Diese war von Anfang an in
den Prozessablauf bei GM eingegliedert. Aus der Art & Colour Section
entwickelte sich einige Jahre später ein Netz von verschiedenen Studios für die einzelnen GM-Marken, die Styling Division, die seit 1937
mit Hunderten von Mitarbeitern die größte Designabteilung weltweit
war und geblieben ist. 1940 wurde Earl zum Vice President befördert,
um hausinternen Kritikern die Bedeutung des Designs für den Markter-

Harley Earl am Steuer des von ihm
designten LaSalle 1927

folg zu verdeutlichen und Designentscheidungen als Konzernentscheidungen durchzusetzen.

Raymond Loewy gründete 1930 in New York sein Studio Raymond Loewy Associates (R.L.A.), das rasch expandierte und Filialen in den nordamerikanischen Industriezentren eröffnete, in denen seine Auftraggeber saßen. In South Bend, dem Sitz des Automobilherstellers Studebaker, betrieb R.L.A. ausschließlich Automotive Design. Sein Organisationsmodell mit Studioleitern, Chefdesignern und dem nach 1945 weltweit ausgebauten Agentur-Netzwerk für die Betreuung globaler Marken findet man bei Beratungs- und Gestaltungsfirmen bis heute. Loewy gehörte auch zu den Gründungsmitgliedern der ersten amerikanischen Berufs- bzw. Branchenvereinigung von Industriedesignern, die Society of Industrial Designers SID, die ab 1944 das Design im Planungs- und Marketingprozess etablierte (aus der SID wurde 1964 der noch heute existierende Berufsverband IDSA).

Design ist in den meisten Fällen eine Teamleistung; Automobildesign ist es ganz besonders. Es gab immer wieder Einzelentwerfer, die als Consultants oder selbstständige Designer Autos im Alleingang entworfen haben, aber die Serienmodelle der großen Hersteller sind fast ausnahmslos von Teams designt worden. Das macht die Autorenschaft in gewisser Weise vage und häufig verwirrend. Mal wird ein Design dem Abteilungsleiter (Design Director, Head of Styling/Design), mal dem Studioleiter (Studio Chief Designer), mal einzelnen Designern zugeordnet – vermutlich gebührt auch allen die Ehre. Vor allem im europäischen Kulturraum war das Konzept der Originalität und des „genialen Künstlers" so prägend, dass es bis in die Bereiche der sogenannten angewandten Kunst diffundierte. Designer wurden als kreative Genies gesehen, denen die Ideen aus dem Nichts zufielen. Ein Team von Mitarbeitern würde die Idee des alleinschaffenden Genies, die sich sehr gut vermarkten lässt und zur Mythenbildung beiträgt, bloß trüben. Gleichwohl konnte Giovanni Michelotti, neben Giorgetto Giugiaro der produktivste italienische Automobildesigner, sein auf 1200 Entwürfe geschätztes

Raymond Loewys Studio in South Bend, Indiana, um 1942: In einer ehemaligen Fabrikhalle arbeiten Designer und Modelleure an neuen Studebaker-Modellen.

Oevre niemals im Alleingang erarbeitet haben – auch er unterhielt ein Team von Mitarbeitern, zu dem zeitweise Pietro Frua, der junge Giugiaro oder Paolo Martin gehörten.

GM führte die Strategie der internen Konkurrenzentwürfe ein: Verschiedene Teams arbeiten am gleichen Projekt und kämpfen um die Realisierung ihres jeweiligen Entwurfs. Der aus der ersten Runde favorisierte Entwurf eines Teams wird in einer zweiten und dritten Runde möglicherweise sogar von einem anderen Team erneut überarbeitet. Im Endeffekt sind so im Handumdrehen zwanzig Designer am Entstehen eines einzigen Modells beteiligt. Die Entwicklung der Chevrolet Corvette z.B. beginnt 1951 als geheimes Projekt bei GM („Project Opel") und wird in der Folge verschiedenen Teams bis zur Produktionsreife übertragen – mindestens zwei Dutzend Designer behaupteten seither, an der Entstehung des ersten amerikanischen Sportwagens beteiligt gewesen zu sein.

Bei Ford arbeitete man seit den späten 1930er Jahren neben den internen Designern auch mit externen Büros. Erst in den späten 1950er Jahren war die Ford-Designabteilung personell so gut aufgestellt, dass man auf Ideen von außen weitgehend verzichten konnte. Die Form des berühmten ersten Ford Mustang von 1965 ging aus einem Wettbewerb aller drei Ford-Designabteilungen (Advanced, Lincoln-Mercury und Ford) hervor. Nachdem sich der Markterfolg einstellte und das Modell heute Kultstatus genießt, ist die Liste seiner Schöpfer lang: Vom damaligen Vice President of Styling Eugene Bordinat über den Studioleiter David Ash bis zu den Designern Gale Halderman, Joe Oros und John Najjar. Im Personenverzeichnis dieses Buchs wird man daher das ein oder andere Modell mehrfach erwähnt finden: beim Designchef, der es angeregt und abgesegnet hat; beim Leiter des jeweiligen Designstudios, der die Verantwortung für die Arbeit seines/-r Teams trägt; und schließlich bei einzelnen Designern, deren Beitrag an der jeweiligen Entwurfsarbeit so groß ist, dass man von „ihrem" Entwurf sprechen kann.

Die Form des Ford Mustang 1 von 1965 ging aus einem Konzern-internen Designwettbewerb hervor.

Selbstbild: Handwerker oder Visionär?

Die Disziplin Automobildesign hat ihre Wurzeln einerseits im Schiffsbau und im Kutschenbau/Stellmachergewerbe, andererseits im zeichnerischen Entwurf, der Illustration und der Gebrauchsgrafik. Der Kutschenbau und das Stellmachergewerbe waren in Europa seit dem 17. Jahrhundert ein angesehenes und florierendes Gewerbe. Mit dem Beginn der Industrialisierung um 1800 spezialisierten sich in den Verwaltungs- und Industriezentren Europas und Nordamerikas einzelne Betriebe auf die Herstellung von repräsentativen Kutschen für den Transportverkehr und für vermögende Kunden. Zentren des Kutschenbaus waren London, Brüssel, Turin, Paris, New York und Philadelphia. Einige dieser Betriebe erkannten ab 1900 das Potenzial des neuen Fortbewegungsmittels Automobil und begannen mit dem Entwurf und der Fertigung von Karosserien, z. B. Brewster, Farina, Erdmann & Rossi, Kellner, Franay, Gurney Nutting, Mulliner. Zu Beginn handelte es sich meistens um Unikate, die auf Bedürfnisse der Kunden und deren Vorstellungen zugeschnitten waren. Schon für die Kutschbauer gab es spezialisierte Schulen wie beispielsweise die Ecole DuPont in Paris, an der die Methode des „Strakens" gelehrt wurde. Aus technischer Sicht war das Problem der Freiformflächen aus dem Schiffsbau bekannt und wurde ab dem späten 19. Jahrhundert in den Kutschbau übernommen. Das Straken erlaubte, ungleichmäßig gekrümmte Flächen über Markierungspunkte, Fäden und Kurvenlineale zu bestimmen und zu einem späteren Zeitpunkt zu wiederholen oder auf ein anderes Objekt (z. B. vom Modell auf das Werkstück) zu übertragen.

Ab 1920 verlangte auch der Flugzeugbau nach Methoden, um den Rumpf und die Tragflächen sowohl aerodynamisch sinnvoll als auch den Funktionen des Flugzeugs angepasst formen und darstellen zu können. Modelle aus Holz oder Ton (auch nach dem englischen Begriff „Clay" genannt) und ab 1950 aus Plastillin boten die Möglichkeit, die Flächen abzutasten (Scan) und über eine Koordinatenmessvorrichtung

Kutschbau als Vorbild der frühen Automobilkonstrukteure: Peugeot Vis-à-Vis von 1892

in technische Zeichnungen zu übersetzen, die es wiederum der Konstruktionsabteilung erlaubten, die Pläne für die Produktion zu erstellen. Diese handwerklich-industrielle Technik bildet die eine Traditionslinie des Automobildesigns. Viele Designer der ersten Generation hatten den Kutschbau erlernt und wechselten wie ihre bisherigen Arbeitgeber um 1900 herum zum Automobil.

Die zweite Traditionslinie des Automobildesigns wird von der Illustration und der Gebrauchsgrafik gebildet; beide Techniken gelangten im Jugendstil (1895–1915) zu höchster Anerkennung. Der Beruf des Reklamezeichners und Gebrauchsgrafikers etablierte sich, Berufsschulen bildeten darin aus. Die Grafik des Art-déco (1920–1940) mit extremen Perspektiven, Untersichten und dramatischen Lichteffekten schaffte dann das nötige ästhetische Vokabular, um Objekte, die es noch nicht physisch gab, grafisch erstehen zu lassen. Das Rendering, also die illusionistisch-perspektivische Darstellung eines Körpers als Zeichnung, entwickelte sich. Wurden bis 1930 Autos als Schnittmodelle entworfen (Längs- und Querschnitt, Aufsicht), begann die erste Entwurfsstufe für dreidimensionale Objekte ab 1930 mit perspektivischen Skizzen, die das Modell besonders dramatisch, aggressiv, schnell, elegant oder geheimnisvoll aussehen lassen sollten.

Auch hier lässt sich ein fundamentaler Unterschied zwischen Europa und den USA ausmachen. Die europäischen Gestalter zu Beginn des 20. Jahrhunderts hatten ihre Wurzeln häufig im Bereich der Architektur oder wurden in deren Sinne ausgebildet. Das berühmte Weimarer/Dessauer Bauhaus wurde so getauft, weil seine Gründer im Bauen die höchste Kombination aller ästhetischen und handwerklichen Fähigkeiten sahen, nicht im Design von beweglichen Gegenständen, die sich dem Menschen anpassen müssten. Reduktion, geometrisch klare Flächen und Räume, der rechte Winkel, der Kubus und die Linie bestimmten im Funktionalismus den Entwurfskanon. Geschwungene, bauchige, konkav-konvexe Freiformen, die nicht wiederum einer strengen Symmetrie oder anderen Formgesetzgebung entsprachen, wurden

Anton Klotz und Eugen Kienast:
Werbeplakat für BMW, 1937

abgelehnt. Ein gutes Beispiel dafür ist der Entwurf des Bauhaus-Direktors Walter Gropius aus dem Jahr 1927/28 für die Adler-Limousine Standard 8: Die Karosserie ist formal geglättet durch rechte Winkel und saubere Radien. Aerodynamisch kontraproduktiv sind die senkrecht stehende Kühlerfront und Windschutzscheibe.

Strömungskörper und rechter Winkel widersprechen sich jedoch. Die europäischen Ingenieure und Gestalter, die sich ab 1930 verstärkt der Stromlinie und der Aerodynamik für Landfahrzeuge widmeten (u. a. Rumpler, Jaray, Kamm, Koenig-Fachsenfeld, Ledwinka, Schlör), entwarfen abgekoppelt von den avantgardistischen Gestaltungsschulen und -kreisen in technisch-naturwissenschaftlichen Forschungseinrichtungen. Am Bauhaus und bei De Stijl wurde nicht über Automobile nachgedacht, sondern über immobile und statische Körper als Architektur und Interieur. An der HfG Ulm war das Design von Automobilen bis in die mittleren 1960er Jahre tabu; systemwidrige, asymmetrische Formen, die sich nicht der Rationalität der Kybernetik oder der Geometrie fügten, fielen durch das Raster des Gestaltungsprogramms.

Die amerikanischen Designer der 1920er bis 1940er Jahre stammten zum großen Teil aus der Gebrauchsgrafik, der Werbung, der Innendekoration und der Illustration; der kleinere Teil kam aus dem Karosseriebau. Sie orientierten sich ästhetisch an den damaligen Avantgarde-Technologien Nautik, Aeronautik und Raumfahrt. Ihre Kreativität wurde von tatsächlichen aerodynamischen Erkenntnissen genauso beflügelt wie von den Pulp-Fiction-Heften, in denen atomgetriebene Flug-Autos vor jedem kalifornischen Bungalow stehen. Statusdenken und gesellschaftliches Vorankommen schrieben sich hier als eine zweite Ebene der Mobilität (nicht nur) in das Automotive Design ein. Alfred P. Sloan hatte für General Motors eine Markenarchitektur entwickelt, die mit Chevrolet eine günstige Einsteigermarke präsentierte und über diverse andere Marken mal Sportlichkeit, mal Gediegenheit bis hin zum Luxus des Spitzenmodells Cadillac vermittelte. So wie die USA den staatlichen Rahmen bildeten, in dem jeder den gesellschaftlichen Aufstieg schaffen konnte,

Adler Standard 8, 1928 von Walter Gropius entworfen

so spiegelte General Motors gleichsam die Möglichkeiten dieses Aufstiegs mittels der verschiedenen Produkte eines einzigen Konzerns. Das Design inkorporierte von Anfang an eine soziosemantische und eine Marketing-getriebene Komponente, die eine andere Designphilosophie als den europäischen Funktionalismus begünstigte. Das Streamline Design der 1930er und 1940er Jahre verband Haushaltsgeräte, Einrichtungsgegenstände und Automobile mit ihrem Look zu einem homogenen Setting. Die scheinbar funktionale Stromlinie lud die Objekte mit symbolischer Potenz auf: schneller, weiter, moderner.

Entwicklung der Produktgestaltung ab 1910: Das Automobil als Luxusgut und Unikat

Industrial Design in historisch-wissenschaftlicher Kategorisierung und in ökonomischer Prägnanz lässt sich ab den 1920er Jahren nachweisen. Bis dahin gehörte die geschlossene Umformung von technischen Gegenständen oder der integrale, technisch-ästhetische Entwurfsprozess zur Ausnahme. Frühe Automobile waren eher grobe Fahrmaschinen, die kaum Flächen boten, die in prägnanter Weise gestaltet werden konnten. Das Automobil zwischen 1890 und 1915 bestand aus mehreren klar getrennten Bereichen, die jahrzehntelang nicht als integriert gedacht waren: Motor, Fahrgastzelle, Räder und Kotflügel, das Gepäckabteil wurden als separate Technikkomponenten konzipiert und daher, wenn überhaupt, auch separat designt.

Die geschlossene, feste Personenkabine hinter dem Motor lehnte sich formalästhetisch an die Kutsche und das Eisenbahnwagen-Kompartment an. Von einer Serienherstellung konnte bis zur Einführung der Fließbandfertigung bei Ford (Model T, 1914) kaum gesprochen werden; die meisten Modelle wurden gerade im Hinblick auf die Karosseriekonstruktion und -gestaltung mannigfaltig modifiziert, auch wenn das Chassis mit Antriebs- und Fahrwerktechnik weitgehend seriell blieb. Das Automobil stellte in den Anfangsjahren ein Avantgardeprodukt dar,

Lincoln Zephyre, 1936 die erste Großserien-Stromlinienkarosserie der USA

teuer in der Anschaffung und aufwändig in der Wartung – der Chauffeur als Wagenlenker und Mechaniker war häufig gar nicht der Besitzer des Wagens, sondern ein kleiner Angestellter der „Herrschaften". Das Design im modernen industriellen Sinn kam erst ins Spiel, als über die standardisierte Produktion von Chassis plus Karosserie nachgedacht wurde, Bleche in der Karosseriekonstruktion die Holzrahmenbauweise ablösten und die Fließbandproduktion flächendeckend Einzug hielt. Maßgeblich für die damalige Form des Automobils als Phänotyp und für die Gestaltung einzelner Flächen und Volumina waren das technische Layout und die Konstrukteure; Formgestalter hielt man für unnötig.

Der Übergang von der Motorhaube zur Fahrgastzelle stellte um 1905 die erste Designherausforderung dar, denn dadurch wurden zwei bis dato strikt getrennte Bau- und Funktionsbereiche des Automobils optisch zu einer Einheit verbunden. In der Folge flossen Motorraum und Gepäckraum immer mehr mit der Fahrgastzelle zu einer Gesamtform zusammen, die wie ein umgekehrter Bootsrumpf gezeichnet und „boat tail" oder auch Torpedoform genannt wurde. Der belgische Rennfahrer Camille Jenatzy hatte bereits 1899 mit einem Wagen, der ein Torpedo-förmiges Aluminium-Monocoque besaß, auf Ballonreifen lief und von Elektromotoren angetrieben wurde, für Aufsehen gesorgt und den Geschwindigkeitsrekord auf 100 km/h hochgeschraubt. Doch sein technisches Layout war der Zeit zu weit voraus. Verschiedene Autoren haben angemerkt, dass das Ringen um die automobile Form schließlich zugunsten eines schon für damalige Verhältnisse antiquierten Konzepts entschieden wurde: Der Elektroantrieb zog gegenüber dem Verbrennungsmotor den Kürzeren; das technische Layout des Automobils folgte dem Konzept der Dampflokomotive und nicht dem moderneren Frontlenker-Konzept der elektrischen Straßenbahn. Das, was als Auto-Fläche übrig blieb, bot wenig Raum für Gestalter.

Rolls-Royce Phantom II Continental Boat
Tail Tourer, 1932

Parallelität von Industrial Design und Automotive Design um 1928: Harley Earl und Raymond Loewy

Ford hatte mit dem Model T vorgemacht, wie man in Masse produzieren und den Anschaffungspreis innerhalb weniger Jahre senken konnte. Der symbolische Preis, den die Käufer für Fords Auto bezahlten, hieß „Ununterscheidbarkeit". Das Model T war für eine gewisse Zeit nur in einer Farbe erhältlich, in Schwarz, der schnelleren Trocknung wegen. In seiner 19-jährigen Produktionszeit wurden Design und Ausstattung nur in Nuancen verändert. Das Model T war ein Produkt mit sehr hohem Gebrauchswertversprechen, doch der symbolische Wert tendierte Mitte der 1920er Jahre gegen Null: Wenn viele Menschen ein Auto besitzen, kommt es auf die Unterschiede an, nicht mehr auf das Haben an sich. In den Sog der Differenzierung gerieten in den USA ab 1925 sehr viele Produkte: Telefone, Kühlschränke, Küchengeräte, Schreib- und Rechenmaschinen, Leuchten etc. Eine Marktsättigung ging einher mit einer offensichtlich guten Qualität der Produkte. Während die großen Autohersteller überlegten, wie sich die Ästhetik der Luxuswagen auf die Fließbandproduktion übertragen ließ, fragten sich die Produzenten der Konsumgüterbranche, wie man die Produkte überhaupt noch besser und attraktiver machen konnte. Beides, „besser" und „attraktiver", war bisher ausschließlich funktional-konstruktiv gedacht worden; dass man durch die Gestaltung der Produktform, der Bedienung, der Lesbarkeit von Skalen etc. etwas wirklich besser machen, ja möglicherweise sogar Produktionskosten einsparen könnte, kam damals kaum jemandem in den Sinn.

1925 wird Harley J. Earl als Consultant Engineer von Cadillac beauftragt, den neuen LaSalle zu designen. Die GM-Marke LaSalle war zwischen dem Premiumprodukt Cadillac und dem darunter positionierten Produkt Pontiac angesiedelt. Earl hat ein gutes Verhältnis zur Familie Fisher, die zu den größten Aktionären von GM gehörte. Earls Methode, die Entwürfe nicht nur zu zeichnen, sondern dreidimensional

Ford Model T, 1926. Schwarzer Lack und Zuverlässigkeit verlieren ihre Attraktivität.

in Ton zu formen, überzeugte seine Auftraggeber von Anfang an. Der 1927er LaSalle war ein Erfolg und setzte Maßstäbe in Sachen Design. Earl wechselte von Los Angeles nach Detroit und baute – nun als Industrial Designer – die Art & Colour Section auf, die weltweit erste Designabteilung bei einem Großunternehmen. Der Wechsel der Bezeichnungen vom Consultant Engineer zum Industrial Designer verdeutlicht, welchen Stellenwert von nun an das Design innerhalb der GM-Produktpalette haben sollte. Earl führte mit Rückendeckung der Fishers das Konzept des „Advanced Design" ein, er betrieb Studien zu zukünftigen Fahrzeuggenerationen. Mit der Etablierung des Designs im Planungsprozess wurde nicht nur an bestehenden Produkten gearbeitet; indem es der Bestimmung und Ästhetisierung zukünftiger Wertvorstellungen diente, erhielt das Design zudem eine sozioökonomische Note.

Ortswechsel: 1928, New York. Raymond Loewy hatte sich seit seiner Emigration aus Frankreich 1919 eine Reputation als Werbegrafiker, Modeillustrator und Verkaufsraumgestalter erworben. Er konnte ein Portfolio großer Unternehmen vorweisen, für die er arbeitete. Der Elektrogerätehersteller Westinghouse hatte ihn als Consultant beauftragt, das Erscheinungsbild des Unternehmens neu zu überarbeiten. Loewy lernte den englischen Unternehmer Gestetner kennen, dessen Vervielfältigungsapparat einer Überarbeitung bedurfte. Loewy überformte das bestehende Gerät durch einen Holzunterbau und einen Metall-/Bakelit-Aufbau. Die vordem offene Mechanik des Geräts war nun verborgen, die Bedienung vereinfacht. Auch hatte Loewy ein 1:1-Modell aus Ton geformt, um seinem Kunden das Ergebnis dreidimensional vorstellen zu können. Das Industrial Design war geboren. Als Loewy im darauf folgenden Jahr Berater des Automobilherstellers Hupp wurde, war der Beruf des Design Consultant oder des Industrial Designers endgültig akzeptiert.

Zu den neuen Produkten, die aufgrund ihrer technischen Komplexität zunächst Anlaufschwierigkeiten hatten, dann aber zu einem *million seller* wurden, gehörte in den USA das Automobil. Henry Ford baute

Raymond Loewys Redesign des Gestetner Vervielfältigungsgeräts, 1929

nicht das erste Serienmodell, wohl aber mit seinem Model T das bis dahin erfolgreichste. 1917 hatte Model T einen Marktanteil von 42 Prozent, der bis 1924 auf unglaubliche 52 Prozent anstieg. Doch dann geschahen zwei Dinge: Mit der Sättigung des Marktes trat auch eine Sättigung des Innovationspotenzials des Model T ein. Nur eine Farbe und kaum Modifikationen an der Karosserie machten es zu einem bewährten, aber zunehmend altmodischen Fahrzeug. Der zweite Faktor war ein Personalwechsel: 1923 wurde Alfred P. Sloan (1875–1966) Generaldirektor von General Motors und in dieser Position einer der *spin doctors* des amerikanischen Marketings. 1926 forderte die GM-Marke Chevrolet den Konkurrenten Ford mit einem neuen Modell heraus, dessen Karosserie die Oberklasse-Stilistik imitierte und das es in einer Vielzahl von attraktiven Farben gab. Ford sah sich genötigt, seine Farbpalette um zwei weitere Farbtöne zu erweitern. Dennoch war der Marktanteil von Model T 1927 auf 15 Prozent zusammengeschmolzen, während GM inzwischen 45 Prozent erkämpft hatte. Sloan hatte intuitiv begriffen, dass Design die ästhetische Manifestation soziokultureller Vorstellungen ist; Werte wie Zeitgenossenschaft, Modernität, Aufstieg, Geschwindigkeit, Durchsetzungsvermögen etc. konnten durch Design illustriert und evoziert werden. Harley Earl, der davon geträumt hatte, seine extravaganten Karosserien nicht nur als Einzelanfertigung für betuchte Kunden, sondern in Serie für ganz Amerika auf der Straße zu sehen, war mit Sloan auf einer Wellenlänge.

Designtheorie und industrielle Praxis in Europa: „Styling" vs. „die gute Form"

In Europa wurde ab 1880 das Design nicht nur praktisch, sondern auch in der Theorie vorangetrieben. Beginnend bei Ruskin und Morris, die die Gestaltung der Lebenswelt als ästhetische Erfüllung eines gesellschaftlichen Anspruchs verstanden, über die vehemente Kulturkritik von Adolf Loos und das „Weniger ist mehr" des Funktionalismus ging es der

Chevrolet Capitol Sedan, 1927. Ein Hauch von Luxus-Ästhetik in einem Mittelklasse-Auto

europäischen Designtheorie vor allem um Reduktion, um das Notwendige im Gegensatz zum Überflüssigen. Damit verbunden war eine unterschwellige Ideologie des Ästhetischen als Bildungsinstrument des modernen, aufgeklärten Menschen, häufig gepaart mit einem kapitalismuskritischen Impetus: Der Schein, den die Form evoziert, verleitet zum Kauf; der Schein jedoch trügt, denn er ist allein dem Tauschwert geschuldet und dient nur dem Produzenten und Mittler, nicht aber dem Konsumenten. Der Tauschwert wurde nach dieser Theorie mit dem Falschen an sich identifiziert, wo es doch um den Gebrauchswert, um den langlebigen Nutzen für den Verbraucher gehen sollte. Für das Automobildesign kam erschwerend hinzu, dass sich dieser Reduktions- und Rationalitätsanspruch des europäischen Designs seit den 1920er Jahren in rektangulären, kubischen Formen abbildete – der Todesstoß für die Formgebung von sich schnell durch ein Medium hindurch bewegenden Objekten. Das Automobildesign geriet damit in den toten Winkel der Designtheorie. Die Praxis der marktkonformen industriellen Gestaltung nannte man nun Styling. Wer Styling betrieb, war für viele, vor allem deutschsprachige Designtheoretiker, kein Designer im ursprünglichen oder heroischen Sinn mehr.

Der Begriff „Stylist" war bis weit in die 1970er Jahre hinein in Europa und den USA die offizielle Berufsbezeichnung für Designer im Automobilsektor. Einer der Gründe, warum man die automobilen Formgestalter in den USA nicht Designer, sondern Stylisten nannte, war der Umstand, dass der Terminus „design" im Englischen auch eine Ingenieursleistung beschreibt; „design" ist dann gleichbedeutend mit „Konstruktion", „Erfindung". Da in den Unternehmen eine Menge Ingenieure technische Designs entwickelten, suchte man nach Differenzierungsmöglichkeiten. Zudem transportierte der Begriff „Style" eine soziokulturelle Bedeutung: als eine ästhetische Manifestation sozialer Gruppen und gesellschaftlicher Vorstellungen.

Doch genau diese Implikation war dem europäischen Design suspekt: Die Funktion und später die Struktur sollten die Form definie-

Die „gute Form": Stuhl von Max Bill für Horgen, 1949

ren, unter Absehen von allen zeitgemäßen und als modisch verrufenen gestalterischen Zutaten.

Ab 1950 wurde das Schisma zwischen Design und Styling in der Diskussion geradezu vehement. Der amerikanische Designer Brooks Stevens hatte in den späten 1930er Jahren die Aufgabe des Designs definiert als „instilling in the buyer the desire to own something a little newer, a little better, a little sooner than is necessary." Dieses Motto war als Doktrin der „planned obsolescence", also der gezielten Alterung durch ständige ästhetische Innovation, vom Marketing gefeiert und von Designtheoretikern verurteilt worden. In Europa, vornehmlich in Deutschland, der Schweiz und den skandinavischen Ländern, versuchte man, dieser Praxis nach 1950 etwas entgegenzusetzen, das man mit „die gute Form" umschrieb: eine zweckmäßige, solide, materialechte und preiswürdige Gestaltung der Dinge mit „ehrlichen Formen, die niemals Verkaufspropaganda sind" – und nicht jene verwerfliche „rasch wechselnde, modische Gestalt" besitzen, wie der Schweizer Designer Max Bill 1952 schrieb. Die „gute Form" war sinnvoll, funktional, ergonomisch optimiert, hygienisch einwandfrei, effizient; sie orientierte sich nicht am Verbraucher und seiner Lust am Gebrauch, der immer auch eine symbolische Komponente einschließt. Zur sozialen Differenzierung taugte die „gute Form" deshalb nicht, sie lehnte diese geradezu ab. Aber anders als geplant, war auch ihr eine soziale Funktion immanent, denn die hochpreisigen Elektrogeräte der Firma Braun konnte und wollte sich nur eine kleine Elite leisten, die die Einfachheit der Form als ästhetisches Merkmal ihrer geschmacklichen Überlegenheit gegenüber dem „gemeinen" Volk begriff. Das Einfache, Aufgeräumte, Ornamentlose wurde zum ästhetischen Sinnbild des Teuren, Wertbeständigen, Intellektuellen.

Weil Automobile gestylt wurden und damit nicht dem Gestaltungsethos der „guten Form" entsprachen, kümmerten sich die meisten europäischen Designer nicht um deren Formgebung. Sie fuhren dennoch Autos: Die Gründerväter der HfG und Design-Koryphäen Max Bill, Otl

„Good design": Stuhl von Ray und Charles Eames für Knoll, 1949

Aicher und Hans Gugelot etwa steuerten das Hochschulgebäude in den 1950er Jahren im Bentley, Alfa Romeo und Porsche an. Max Bill und sein Bentley: Da war mehr Status und Prestige in der Form aufgehoben, als sich der Schweizer Designethiker eingestand. Die HfG propagierte modulare Produktentwürfe für die Industrie, weniger für den Alltagsbedarf des Konsumenten. Das Automobil gehörte nicht in den Lehrplan. Michael Conrad und Piero Manzoni, beide Studenten in Ulm, mussten ihre Prototypen Autonova GT (1964) und Autonova Fam (1965) an der Hochschule vorbei entwickeln, weil Autodesign als unethisch galt.

1950 wurde zum ersten Mal der amerikanische „Good Design Award" vergeben, eine Auszeichnung, die einige Designer und Architekten (unter Ihnen Ray und Charles Eames, Eero Saarinen) erdacht hatten, um besonders gelungene Produkte herauszustellen. Das „good design" zeichnete sich gegenüber der restlichen amerikanischen Produktion durch eine fast europäisch zu nennende Einfachheit und Konzentration auf das Wesentliche aus; gegenüber der europäischen „guten Form" war es jedoch verspielter und bunter. 1961 wurde das Design des Lincoln Continental vom Industrial Designers Institute mit einem Preis ausgezeichnet: Das Team um Elwood Engel hatte mit seinem schnörkellosen, eleganten Design offiziell das Ende der Heckflossen eingeläutet. Nach zwei Jahrzehnten des Chrombarocks war die Zeit reif für ein etwas nüchterneres, an Trapezoiden orientiertes Design. Das war aber nicht allein ein Verdienst des Konzepts der „guten Form" oder des Good Design; vielmehr wollte sich die neue Ära des gesellschaftlichen Aufbruchs vom Nachkriegsmuff der Eisenhower-Jahre auch ästhetisch distanzieren.

Vorrang der Konstruktion vor der Form in Europa

Amerikanische Automobile orientierten sich technisch und ästhetisch schon immer an den Bedürfnissen des Marktes, das heißt sie orien-

Lincoln Continental, 1961. Das Team von Elwood Engel hatte ein europäisch-schlichtes Design entwickelt, allerdings im amerikanischen Maßstab.

tierten sich an den Wünschen des Käufers. Der American Way of Life war von Kontrasten geprägt: einerseits die großen Entfernungen zwischen den Städten, die mit langen geraden Highways verbunden waren; andererseits innerhalb der Städte eine hektische Verkehrsdichte und Enge. Mit dem Markteintritt von General Motors bekam das Prinzip der „convenience" Priorität: Bequem soll es sein, angenehm für die Passagiere. Anders als ihre europäischen Kollegen bevorzugten amerikanische Ingenieure einfache, unverwüstliche, langlebige Lösungen: vielzylindrige und hubraumstarke Motoren, laufruhig mit niedrigen Drehzahlen und hohem Drehmoment; ein langer Radstand für guten Geradeauslauf, weiche Federung; zusätzlich noch ein Automatikgetriebe, Servolenkung und Klimaanlage. Europa war am Ideal des „kleinen Wagens für alle" orientiert; kleine Motoren mit wenig Verbrauch und kaum Drehmoment, die häufige, manuelle Gangwechsel erforderlich machten. Es konkurrierten verschiedene Antriebskonzepte. Die Vielzahl der Hersteller führte zu einem Wettbewerb der technischen Ideen und zu vielen Innovationen, gerade dadurch wurde eine so weitgehende Standardisierung, wie man sie in den USA kannte, unmöglich.

Auch in Europa gab es einen Markt für Luxusautomobile, die von spezialisierten Designern entworfen wurden und sich ab 1930 vor allem am Ideal der Stromlinie orientieren. Auf dem jährlich stattfindenden Pariser Automobilsalon waren es vor allem die europäischen Designs, die das amerikanische Automotive Design der 1930er Jahre ganz erheblich beeinflussten – Harley Earl fuhr während seiner gesamten Laufbahn bei GM (mit Ausnahme der Kriegsjahre) nach Paris und verschaffte sich einen Überblick über die europäische Formensprache; sein Kollege Virgil Exner, Designchef bei Chrysler, suchte direkt nach Kriegsende italienische Stylingstudios als Kooperationspartner.

Neben der abwertenden Konnotation des automobilen Stylings verzögerte jedoch auch der im Vergleich zu den USA vollkommen anders strukturierte europäische Markt den Aufstieg des Automobildesigners ganz erheblich. Bis in die späten 1950er Jahre hinein hatten die meisten

GM „Motorama", 1955. Der American Way of Life in automobiler Form: groß, bequem, klimatisiert

europäischen Hersteller keine eigene Designabteilung. Innerhalb der Abteilung Karosserieentwicklung gab es Spezialisten, die auch für die Formgebung verantwortlich waren. Bei großen Projekten und Neuentwicklungen wurden externe Büros und Gestalter hinzugezogen, deren Ideen von den Ingenieuren auf Machbarkeit und Produktionszwänge hin geprüft und verändert wurden. Die deutschen Niederlassungen der amerikanischen Hersteller Ford und GM/Opel übernahmen nach dem Ende des Zweiten Weltkriegs die Planungsstruktur der Mutterkonzerne, in denen das Design selbstverständlich integriert war; den hiesigen Stylingabteilungen standen ab 1960 erfahrene Designer aus Dearborn und Detroit vor.

Während sich viele deutsche Karosseriebaufirmen seit den 1930er Jahren auf die Produktion fokussierten, spezialisierten sich die französischen, vor allem aber die italienischen Karossiers auch auf den Entwurf als eigenständige Leistung. Dies führte in den 1950er Jahren zur herausragenden Stellung der italienischen Carrozzerie und zu Studios, die in Zusammenarbeit mit und in Konkurrenz zu den amerikanischen Styling Departments die automobile Form für mehr als drei Jahrzehnte prägen sollten.

Speziell in Deutschland blieb die automobile Form bis in die 1970er Jahre negativ konnotiert: Die „Straßenkreuzer" und „Amischlitten" waren etwas für Angeber und Parvenus. Ein gutes Auto bedeutete in Deutschland vorrangig ein gut konstruiertes, ein zuverlässiges Auto. Daraus erklärt sich der anhaltende Erfolg eines schon bei Produktionsbeginn 1948 zehn Jahre alten Autos – des VW Käfer –, das erst 1973 abgelöst wurde. Ähnlich konstruktionsgetrieben und auf Zuverlässigkeit bedacht waren sonst nur noch die skandinavischen Hersteller Volvo und Saab. Geradezu ängstlich achtete man in Nordeuropa auf das Hervorheben der inneren Werte des Autos (Antrieb, Fahrwerk, Sicherheit) und redete damit einem Pseudo-Funktionalismus das Wort. Aufregendes Design überließ man den italienischen Studios.

„Linie der Vernunft": Ford P3 17m, Design Wes Dahlberg und Uwe Bahnsen, 1961

Blüte und Niedergang der externen Studios

Solange es eine gut betuchte Klientel gab, die individuelle Karosserien wünschte, und es Hersteller gab, die nur Chassis lieferten, um sie von einem Karosseriebetrieb umformen zu lassen, schienen die vielen europäischen Carrozzerie und die verbliebenen amerikanischen Coachbuilder genügend Arbeit zu haben. In den USA gab es in den späten 1930er Jahren jedoch kaum noch individuelle Lösungen: Alle Hersteller versuchten, über Ausstattungs- und Karosserievarianten ab Werk die Kundenwünsche zu befriedigen und den externen Karosseriebaufirmen und Designern das Wasser abzugraben. Wer es wirklich extravagant wollte, musste seinen Wagen nun in Europa bestellen. Nach 1940 brach auch dort der Markt für Einzelanfertigungen ein. Kleinserien von Sport- und Luxuswagen waren nun gefragt, doch dafür hatten viele Karosseriebauer keine Kapazitäten. So setzte ab 1950 ein erster Konzentrationsprozess ein, dem viele Traditionsunternehmen nicht gewachsen waren; sie schlossen daher entweder die Tore (z. B. Erdmann & Rossi, Graber, Franay, Saoutchik) oder wurden in die Karosserieentwicklung von Herstellern integriert (z. B. Gurney Nutting und Park Ward bei Bentley bzw. Rolls-Royce; LeBaron bei Briggs bzw. Chrysler). Wer von den Karossiers bereits vor dem Krieg auf Expansion gesetzt hatte, profitierte nun: Das waren in großem Maße die italienischen Carrozzerie wie Bertone, Pininfarina, Ghia und Touring, die Aufträge nahezu aller europäischen und sogar einiger amerikanischer Hersteller gewinnen konnten. Parallel dazu bildeten die italienischen Studios eine eigene Designkultur aus. Die klaren, knappen, sportiven Formen des italienischen Designs galten ab 1955 als wegweisend für die gesamte Branche. Die „Scuola Italiana" wurde zu einer eigenen Marke. „Styling by..." oder „Disegno di..." konnte ein klarer Wettbewerbsvorteil sein, zumindest war es ein gestalterisches Statement in Richtung Modernität und Avantgarde: Die Vorkriegsgestaltung war passé, das Automobil hatte endlich seine eigene Form gefunden.

Chrysler d'Elegance von 1953, in Zusammenarbeit mit der Carrozzeria Ghia designt und in Turin gebaut

Das Fehlen eigener Designabteilungen bei den meisten europäischen Herstellern und ein gleichzeitig verschärfter Wettbewerb auf den Märkten begünstigten ab 1955 die Rolle der italienischen Studios und Designer als Berater und Instanzen für gelungene, also auch am Markt erfolgreiche Formgebung. Die größten der Branche, Ghia, Bertone und Pininfarina, stellten nicht nur jedes Jahr Showcars auf der technischen Basis existierender Großserienwagen vor, sie entwickelten eigenständig neue Ergonomie- und Innenraumkonzepte, Automobiltypen und aerodynamische Studien. Amerikanische Hersteller wie Nash und Chrysler arbeiteten eng mit großen Studios zusammen; englische und deutsche Unternehmen vertrauten eher auf Einzelentwerfer wie Michelotti und Frua. Zwischen 1960 und 1970 war nahezu jedes europäische Großserienauto von einem italienischen Studio neu entworfen oder überarbeitet worden; Ausnahmen von dieser Regel waren die europäischen Ableger der „großen amerikanischen Drei" (GM, Ford, Chrysler), außerdem Renault und Mercedes-Benz, die eigene Stylingstudios unterhielten.

Diese Situation hatte gravierende Nachteile für alle Beteiligten, sowohl für die Studios als auch für die Auftraggeber. Jedes Studio pflegte einen eigenen Stil, der es von den Wettbewerbern unterscheidbar machte – allerdings richtete sich der Studiostil nicht nach dem Markenbild der Auftraggeber, sondern verfolgte eine eigene Evolution der Scuola Italiana. Ein Grundentwurf konnte dabei Eingang in diverse Entwürfe für verschiedene Marken finden, was zur Folge hatte, dass ein Auto zwar nach einem Design von Bertone, Michelotti oder Frua aussah, aber nicht nach der Marke, für die es stand. Nur Pininfarina baute verschiedene Teams auf, die teilweise über Jahrzehnte für eine Marke arbeiteten und damit so etwas wie ein Markendesign schufen (z. B. bei Peugeot); allerdings kann man auch hier übereinstimmende Merkmale von Lancia über Austin und Peugeot bis Ferrari finden.

So paradox es klingen mag: Der weltweite Erfolg von Giorgetto Giugiaros Studio Italdesign in den 1970er und 1980er Jahren läutete endgültig das Ende der Dominanz der externen Designer ein. Wenige auto-

Austin/Morris/MG 1100 von 1963, Design Pininfarina

mobile Grundformen, die sich nur durch das am Kühlergrill angebrachte Markenzeichen unterschieden, sorgten nicht nur für Langweile beim Verbraucher, sondern alarmierten auch die Verantwortlichen in den Unternehmen. Für die Erarbeitung eines markenspezifischen Designs schien eine eigene, hochkarätig besetzte Designabteilung unabdingbar. Die deutschen, französischen, britischen und japanischen Hersteller, die sich bisher in großem Maß der Unterstützung durch italienische Studios versichert hatten, gründeten zwischen 1970 und 1975 eigene Design-abteilungen, die nun von Anfang an in den Planungsprozess eingebunden waren und weitreichende Kompetenzen nach amerikanischem Vor-bild hatten.

Kostendruck und Markenidentität

Das Portfolio der externen Studios war mitunter sehr heterogen – es konnte vom Entwurf über den Modell- und Prototypenbau bis zur Klein-serienfertigung reichen. Bis in die frühen 1960er Jahre waren die (vor-wiegend italienischen) Studios in einer guten Ausgangsposition, da sie auf allen vorhin genannten Feldern nicht nur Expertise hatten, sondern auch mit Kostenvorteilen argumentieren konnten. Mit zunehmender Angleichung innerhalb Europas schwand dieser Faktor – gestiegene Ansprüche aufseiten der Industrie wiederum machten erhebliche In-vestitionen notwendig, die sich nicht alle Studios leisten konnten. Ein Grund für die zweite große Welle des Niedergangs der Studios nach 1965 waren die ausbleibenden, weitgehend auf Handarbeit basieren-den Kleinserienfertigungen bei gleichzeitig nicht vorhandenen Kapazi-täten und Kompetenzen für die Serienfertigung im wirklich industriellen Maßstab. So verschwanden zuerst altmodische Karosseriebetriebe wie z. B. Fantuzzi oder Boneschi, aber auch große Namen wie Touring konn-ten dem Druck nicht mehr standhalten – das Traditionsunternehmen schloss 1966. Ghia wurde 1970 Bestandteil der Ford-Designabteilung. Michelotti und Frua arbeiteten zwar bis in die 1970er Jahre, aber ihr

Lancia Flaminia GT der Carrozzeria Touring (Design Carlo Felice Bianchi Anderloni) von 1958

Einfluss schwand. Kleinere Carrozzerie wie Fissore, Vignale, Boano, Chapron mussten ebenfalls in den 1960er Jahren schließen.

Die erste „wirkliche" Designabteilung nach amerikanischem Vorbild gründete die GM-Tochter Opel in Deutschland. Ab 1962 baute der Designer Clare MacKichan ein Stylingstudio für Opel auf, das ab 1964 eigenständig Modelle entwickelte. Neben den Studios für die Produktionsmodelle gab es ein Advanced Studio für Zukunftskonzepte. Als erste europäische Marke ließ Opel Concept Cars entwickeln. Das Opel-Styling entwickelte schnell Strahlkraft über Deutschland hinaus und fungierte zwei Jahrzehnte lang als Talent- und Kaderschmiede für die gesamte Branche.

Der ehemalige Mercedes-Benz Designer Paul Bracq etablierte ab 1970 bei BMW – ebenfalls nach US-Vorbild – eine Designabteilung, die nicht mehr unter Michelottis Einfluss stand und eine abgestufte Modellpalette mit eigenständigem Markengesicht schuf. Mit der „Turbo"-Studie übernahm auch BMW die amerikanische Strategie des Advanced Design und der Concept Cars. Im Zuge der Neustrukturierung von British Leyland wurde David Bache 1975 Designdirektor eines Markenkonglomerats, das vorher ebenfalls häufig auf Michelotti vertraut hatte. Fiats Centro Stile emanzipierte sich ab 1973, der Einfluss Bertones schwand. Die US-Konzerne hatten ihre Zusammenarbeit mit den italienischen Büros bereits Mitte der 1960er Jahre beendet. Nur noch Giugiaros Italdesign feierte Triumphe – um den Preis, dass sich ab 1980 Autos aus Skandinavien, Frankreich, Japan, Deutschland und Italien zum Verwechseln ähnlich sahen. Die Stunde des Markendesigns war gekommen.

Design als strategische Größe (seit 1980)

Im Rückblick kann man heute feststellen, dass die Periode der Konzentration in der Automobilindustrie zwischen 1970 und 1990 nur diejenigen Marken überlebten, die allerspätestens Mitte der 1970er Jahre eine vertikale Staffelung vorweisen konnten, das heißt eine abgestufte

Ein Stylist bei der Arbeit am Opel Manta im Opel Styling Center in Rüsselsheim um 1969

Modellpalette mit einem dazu passenden Markengesicht oder einer Designlinie, die sich auf alle Modelle anwenden ließ. Diese Notwendigkeit hatten zu Beginn der 1970er Jahre die meisten Hersteller erkannt, aber bei einigen Marken aus verschiedenen Gründen nicht umzusetzen vermocht. Was in den 1980er Jahren die Doktrin von der Corporate Identity und vom Corporate Design für Unternehmen im Allgemeinen wurde, galt seitdem auch für das Automobildesign im Besonderen. Die Verkleinerung amerikanischer Modelle auf ein europäisches Maß in den 1960er und -70er Jahren war wie ein Vorläufer für das, was nun den Designabteilungen aufgetragen wurde: die Erarbeitung wiedererkennbarer stilistischer Merkmale für die gesamte Produktpalette, also ein „Gesicht", dekliniert vom Kleinwagen bis zur oberen Mittelklasse oder eine Sicken-/Falzkombination in der Seitenlinie, angewendet vom Einstiegsmodell bis zum veritablen Sportwagen. Das kann zu einem konsistenten Marken- und Erscheinungsbild führen, aber auch in Langeweile münden oder die soziale Orientierung erschweren, wenn der Konsument nicht weiß, ob er in der unteren Oberklasse oder in der oberen Unterklasse fährt – der Markeneindruck wird zwar stärker, aber die Modellhierarchie verschwimmt. Mit der Pflege der Tradition und der Besinnung auf den historischen Markenkern, mit der Konstruktion von virtuellen und real erlebbaren Markenwelten bauen die Hersteller seitdem eine Brand Identity auf, in der das Exterior Design des Automobils ein wichtiger Bestandteil, aber nicht mehr das ausschlaggebende ästhetische Kriterium ist. Das Automobildesign ist heute inzwischen in einem System von Designleistungen verortet, das die werbliche Produktinszenierung, die Markenwelt, die Historie und die neu geschaffenen Erlebnisräume einschließt.

Audi City London, ein virtueller Showroom, der die Markenidentität vermitteln soll

Prozesse und Ausbildung

Strother MacMinn unterrichtet am Pasadena Art Center College of Design, circa 1960.

Prozesse und Ausbildung

Prozesse

Ähnlich wie in Europa hatte man in den Vereinigten Staaten bereits um die Jahrhundertwende erkannt, dass die Industrie Gestalter brauchte, die den vielen neuen Produkten Formen oder zumindest Dekore gaben. Hochschulen wie das Pratt Institute in New York bildeten ab 1887 Gebrauchsgrafiker aus, die sich schon bald „Designer" nannten. Bereits 1913 wurde der Begriff „Industrial Designer" beim US-amerikanischen Patentamt eingetragen, 1927 schlossen sich Grafiker und Kunsthandwerker erstmals zu einem Berufsverband zusammen. Mit der Gründung des American Designers Institute 1938 und seinem Nachfolger, der Society of Industrial Designers 1944 (heute: IDSA), waren der Beruf und die Branche anerkannt.

Der Weg dorthin war jedoch kein geradliniger. Da Design auf Arbeitsteilung basiert, konnte der Beruf des Gestalters/Entwurfszeichners/Designers erst entstehen, nachdem der Produktplanungs- und Produktionsprozess in verschiedene Stufen unterteilt und jede Abteilung mit Spezialisten besetzt worden war. Das geschah in einer ersten Pionierphase um 1880. In diese Zeit fällt auch die Gründung der ersten Fachschulen und Institute für eine Gestalterausbildung im weitesten Sinn. Die Textil- und die Haushaltsgeräteindustrie brauchten Musterzeichner, sie brauchten aber auch Grafiker, die die Produkte in Szene setzten. Aus dieser Doppelfunktion ging das Berufsbild der Automobildesigner in der Ära von 1920 bis 1960 hervor – viele kamen von der Grafik und der Illustration und wechselten in den Bereich des Entwurfs (u. a. Loewy, Bel Geddes, Brovarone, Charbonneaux).

Doch ihr Einfluss auf das Produkt blieb in dieser frühen Phase gering. Nur in Ausnahmen wurde den Gestaltern ein größeres Mitspracherecht bei der Planung und Produktion eingeräumt; dies geschah vor allem dann, wenn nicht nur ein Einzelgestalter am Werk war, sondern eine ganze Abteilung für die Produktgestaltung verantwortlich zeichnete. Eines der ersten Unternehmen, das beim Design neue Wege

Das Pratt Institute in Brooklyn, eine der Wiegen der Industrial Design Ausbildung, um 1900

ging, war die deutsche AEG. Das Design erfüllte nicht bloß ästhetische Vorstellungen; es war vor allem dazu da, die unübersichtlich gewordene Produktpalette zu ordnen, Kosten durch Gleichteile einzusparen und der Marke im Sinne einer klaren Positionierung ein einheitliches Design zu geben. Der Jugendstil-Gestalter Peter Behrens etablierte ab 1907 eine der weltweit ersten Designabteilungen, die von der Produktgestaltung über das Katalogdesign bis zur Firmenarchitektur verantwortlich war.

Ähnlich ging der GM-Vorsitzende Sloan vor, als er das Organisationsprinzip der Managementebenen auf die Entwurfsabteilung ausdehnte und Harley Earl 1927 zum ersten Designchef machte. Dieses Organisations- und Hierarchieprinzip war Vorbild für nahezu alle Designabteilungen, die in der Folge gegründet wurden: Ein Designchef (Head of Design, Design-Direktor, Vice-President, Vorstand) entwickelte, überwachte und verantwortete die große Linie bzw. das Markengesicht. Ein oder mehrere Chefdesigner standen verschiedenen Entwurfsabteilungen (Studios) vor, die sich um einzelne Konzernmarken, Produktlinien und/oder Zukunftsvisionen (Advanced), Interior und Exterior Design kümmerten. In den Studios arbeiteten Berufseinsteiger (Juniors) und Gestalter/-innen mit mehreren Jahren Berufserfahrung (Seniors), die wiederum Teams innerhalb der Studios leiteten. Externe, Non-Corporate-Studios arbeiteten nach dem gleichen Prinzip, sofern sie eine Größe erreichten, die der eines Corporate Styling Department nahekam; kleinere Studios bestanden aus einem Chefdesigner (häufig der Gründer bzw. Namensgeber) und angestellten Designern und Modelleuren.

Zu Beginn experimentierten die großen Hersteller-Studios mit der Einbindung bzw. Separation der Modellierabteilungen. In den USA wurde die Einbindung durch verschiedene Berufsverbände bzw. Gewerkschaften erschwert, deren Bestimmungen beispielsweise den Designern untersagten, selbst am Tonmodell Veränderungen vorzunehmen; das durften nur die Modelleure. Vereinfacht kann man sagen, dass es zwei Ansätze gab: den des reinen Entwurfsraums und den des kombinierten Entwurfs- und Modellierstudios.

Ford Styling, 1956: Modelleure bei der Arbeit am 1:1 Mock-up

Nachwuchs und Ausbildung

Mit der Etablierung des Industrial Designers im Produktionsprozess war eine erste wichtige Stufe erklommen; die nächste Aufgabe hieß Ausbildung und Nachwuchs. Um 1925 kamen die meisten amerikanischen Designer von der Gebrauchsgrafik zum Design; einige wenige hatten – wie in Europa üblich – Architektur studiert. Mit dem Aufstieg der Automobilindustrie zur Schlüsselbranche, der Einführung des Fließbands und der Ganzstahlkarosserie stieg jedoch der Bedarf an hauptberuflichen, speziell für die Branche ausgebildeten Entwerfern. Die Generation der aus dem Kutschbau kommenden, stark an der handwerklichen Technik orientierten Gestalter wurde ersetzt durch die zweite Generation, die von der Illustration und der Werbegrafik beeinflusst war.

In Europa und den USA gab es einige Designschulen, doch Automobildesign war keine anerkannte Praxis, die von den akademischen Lehrern, häufig Architekten und Bildende Künstler, unterrichtet wurde. Für die speziellen Anforderungen war es notwendig, neue Ausbildungswege zu eröffnen: unternehmensintern als Weiterbildungsprogramm und -extern als Studium. Die Automobilindustrie machte es nun ähnlich wie einige Jahrzehnte zuvor die nationalen Unternehmensverbände der Kutschbauer, die um 1870 Schulen für ihr Handwerk gegründet hatten: Sie sponserte oder gründete eigene Ausbildungsstätten. GM baute 1938 ein eigenes Institut, das Detroit Institute of Automotive Design (DIAS) auf – ein Assessment-Center für angehende GM-Designer. Die ersten regulären Colleges Amerikas, in denen man Design studieren konnte, waren das Pasadena Art Center College of Design in Los Angeles (ab 1931) und die Pratt School of Design in New York ab 1935. Unter der Leitung von James Dean Boudreau bauten die Industriedesigner Alexander Kostellow, Rowena Reed und Donald Dohner am Pratt Institute einen Kurs für Industrial Design auf. 1939 wurde das Curriculum angepasst und enthielt viele Elemente des legendären „Vorkurs" aus dem Bauhaus. Ein großer Teil der amerikanischen Automobildesigner

Anzeige für den Fernkurs „Automobile Styling" des Detroit Institute of Automobile Styling von 1947

hatte an diesen beiden Schulen studiert – sowohl GM als auch Chrysler und die kleineren Hersteller rekrutierten ihren Designnachwuchs von dort. Harley Earl suchte das erste rein weibliche Designteam, die „Damsels of Design", zum überwiegenden Teil am Pratt Institute aus. Erst in den 1950er Jahren wandten sich in den USA und Europa mehr Kunst- und Designhochschulen dem Industrial Design im Allgemeinen und dem Automobildesign im Besonderen zu. Deshalb hatten viele europäische Designer, die zwischen 1955 und 1970 ihre Karriere begannen, keine Designausbildung im heutigen Sinn, sondern kamen als Zeichner und Illustratoren in die Entwurfsabteilungen – bei Pininfarina genauso wie bei Mercedes-Benz, Opel oder Auto-Union.

Einer der einflussreichsten frühen Vermittler des Automobildesigns war Andrew F. Johnson. Er leitete von 1892 bis 1926 die New Yorker Technical School for Carriage Draftsmen and Mechanics des amerikanischen Kutschenbauerverbandes und baute nach deren Schließung eine private Fernschule für Automobildesign auf, die er bis zu seinem Tod 1943 betrieb. Zu seinen Schülern gehörten auch die drei Söhne der Karosseriebauer und Presswerkbesitzer Fisher (Fisher Body), die 1930 die Fisher Body Craftsman's Guild ins Leben riefen. General Motors hatte bereits 1919 die Mehrheit an der Karosseriefirma (Presswerk) Fisher Body erworben und machte das Unternehmen ab 1929 zu seinem Hauptlieferanten für Karosserien. Damals erkannte man die Notwendigkeit, genügend junge Menschen für den Beruf des Designers zu begeistern und anschließend auszubilden. Die Fisher Body Craftsman's Guild, ein Talentwettbewerb zunächst für Modellbau, ab 1937 auch für Design, wurde zu diesem Zweck in den USA mit Anzeigen beworben. In einem mehrstufigen Verfahren wurden Preisträger aus verschiedenen Bundesstaaten ausgelobt, die dann in einer landesweiten Ausscheidung gegeneinander antraten. Neben der ungeheuren medialen Wirksamkeit für das Produkt Auto, für das Unternehmen GM und natürlich für das Berufsfeld Design konnte GM jedes Jahr Talente für die eigene Designabteilung gewinnen. Die gesellschaftlichen Veränderungen der

Fisher Body Craftsman's Guild, 1960er Jahre

1960er Jahre in Bezug auf ethnische und geschlechtsspezifische Stereotype hätten über kurz oder lang auch zu einer Teilnahme weiblicher und nicht-weißer Jugendlicher bei der Craftsmanship geführt. Neuere Untersuchungen legen den Schluss nahe, dass der damalige GM-Designchef Bill Mitchell die treibende Kraft hinter der Entscheidung war, den Wettbewerb 1968 einzustellen – bevor sich afro- und hispano-amerikanische Jungen und Mädchen bewerben konnten, verzichtete man lieber ganz darauf. Allerdings muss auch festgehalten werden, dass der Zugang zum Beruf des Designers im Allgemeinen und dem des Automobildesigners im Besonderen nun über Institute und Hochschulen lief und kaum noch über den Talentwettbewerb.

Teilhabe

Design als Teamleistung ist häufig – und in der Vergangenheit fast ausnahmslos – eine anonyme Arbeit. Die obersten Abteilungsleiter treten in die Öffentlichkeit, die vielen Einzeldesigner, Männer wie Frauen, bleiben namenlos. In den vielen Kompendien zum Thema Design, noch extremer jedoch beim Thema Automobildesign, sind weibliche Designer nur vereinzelt oder gar nicht zu finden, und das, obwohl die USA zwischen 1920 und 1950 in der koedukativen Kunst- und Designausbildung eine Vorreiterrolle innehatten. Erst zu Beginn des 20. Jahrhunderts wurden Frauen zu technischen Ausbildungen und Studien zugelassen, gleichzeitig waren die Felder Konstruktion, Ingenieurwesen, Design vor allem im kollektiven Bewusstsein so männlich besetzt, dass sich nur wenige Frauen für ein Studium in diesen Bereichen bewarben. Auch in Europa lässt sich erst für die 1920er Jahre ein größerer Anteil von weiblichen Studierenden nachweisen (etwa am Bauhaus Dessau); während der Anteil an US-amerikanischen Colleges höher scheint, waren auch hier die Chancen für Designerinnen, in der Automobilindustrie Fuß zu fassen, beschränkt. In den 1940er Jahren erkannten allerdings einige Hersteller (GM, Nash, Packard), dass der große Einfluss, den Frauen beim

Der spätere GM-Designer Chuck Jordan (ganz links) als stolzer Gewinner der Fisher Body Craftsman's Guild, 1947

Autokauf hatten, auch dazu führen sollte, dass sie in den Designprozess eingebunden wurden. Es begann eine Aufteilung der Designsphären, die ähnlich auch in der Architektur anzutreffen ist: für das Außen die Männer, für das Innen die Frauen. Während im Exterior Design weiterhin fast ausnahmslos Männer tätig waren, wurde Interior Design das Feld weiblicher Designer wie Helene Rother, Betty Thatcher und Mary Ellen Green – in den Jahren zwischen 1935 und 1955 hochbezahlte Spezialistinnen, mit denen die Hersteller auch in Anzeigen warben. GM-Dsignchef Harley Earl stellte 1954 ein sechsköpfiges weibliches Designteam zusammen, das sich um Interior Design und Farb- und Ausstattungsvarianten bei GM-Modellen kümmern sollte. Earls Nachfolger Bill Mitchell löste das Team jedoch schon 1961 wieder auf, denn für Mitchell musste ein Automobil von Männern entworfen worden sein. Für dieses Buch wurde der Versuch unternommen, wenigstens einige weibliche Designerinnen zu ermitteln, deren Leistungen oder Beiträge für bestimmte Modelle oder Hersteller wichtig waren.

Auch wenn in Europa das Automobildesign in der wissenschaftlichen Theorie ebenso wie im Lehrplan fast gar keine Rolle spielte, bildete die grundständige Designausbildung an einer Hochschule für angewandte Kunst oder an einer Kunstakademie die Basis für die Karriere in der Branche. Zu Beginn der 1970er Jahre führten die ersten europäischen Institute das Fach Automotive Design/Car Design in den Lehrplan ein. Häufig ging es dabei um Nutzfahrzeuge und öffentliche Verkehrsmittel, doch seit 1980 wurde auf den Bedarf der Industrie mit spezialisierten Kursen und Studiengängen reagiert. Die Zeit der Quereinsteiger und Umsteiger vom klassischen Industriedesign zum Automobildesign und umgekehrt war damit vorbei. In diesem Zusammenhang ist bemerkenswert, dass eine der am besten beleumundeten Designhochschulen, die HfG in Ulm (1955–1969), das Thema Automobildesign dezidiert ausschloss. An der HfG wurden Nutzfahrzeuge und Transportfahrzeuge für den öffentlichen Verkehr entworfen, aber Automobile waren tabu. Die immer wieder als „HfG-Designs" titulierten

Suzanne Vanderbilt, eine der wenigen GM-Designerinnen und eine der ersten überhaupt. Aufnahme von 1958

Prototypen autonova GT und autonova Fam sind – nach zeitgenössischer Berichterstattung und Aussage der beteiligten Designer–als privates Projekt entstanden.

Mittlerweile bieten circa zwanzig Hochschulen und Institute weltweit Transportation oder Automotive Design als Bachelor-, Master- oder Postgraduiertenstudienprogramm an. Neben der „Wiege" des Fachs, dem Pasadena Art Center College in Kalifornien, gelten vor allem das Royal College of Art in London, die Hochschule Pforzheim mit dem Studiengang Transportation Design und das IED in Turin/Mailand als Kaderschmieden der Industrie. Die Lebensläufe heute aktiver Designer und Designerinnen zeigen aber, dass auch Studien in einer Vielzahl von nicht auf Automobildesign spezialisierten Hochschulen in Europa und den USA zu einer erfolgreichen Karriere in der Industrie befähigen.

BMW-Designerin Juliane Blasi arbeitet am Claymodell des BMW Z4.

Phänographie der automobilen Form

Tatra 602 von 1956: Nachkriegs-Stromlinie aus der ehemaligen Tschechoslowakei

Phänographie der automobilen Form

Einflüsse der Großformen Nautik und Aeronautik (1890–1920)

Seine Abkunft von der Kutsche machte dem Automobil von Beginn an ästhetisch zu schaffen. Die Kutsche war um 1900 eine „alte Technik", neu und zukunftsweisend waren dagegen die Großtechnologien Schiff und Flugzeug. Selbst das Fahrrad stellte mit seinen gemufften Stahlrohren und Ballonreifen zur Zeit des Jugendstils das trendigere Fortbewegungsmittel dar: leicht, schnell, wendig und durch die Werbung erotisch aufgeladen.

Schneller, größer, weiter: Das Blaue Band für die schnellste Atlantiküberquerung, die größten Kreuzer, die luxuriösesten Dampfer beflügelten die Phantasie der Zeitgenossen. Noch waren Flugzeuge klapprige, notdürftig verkleidete Gerippe, doch schon bald lösten sie das Schiff als Technologieträger ab. Davon blieb auch das Automobildesign nicht unberührt. Formalästhetisch und materialtechnisch lehnte sich das Auto, weil man ihm noch keine eigene Form zutraute, am Anfang an das Boot an – allerdings unter verkehrten Vorzeichen: Der spitze Bug des Boots wurde zum Boat-Tail, also zum spitz auslaufenden Heck der Automobilkarosserie. Die mächtigen, aufrecht stehenden Wasserkühler am Bug der Automobile widersetzten sich einer Verkleidung oder Umformung, bis Mercedes-Benz 1913 auf die Idee kam, den Kühler bzw. seine Verkleidung zu knicken und damit dynamisch in den Fahrtwind zu stellen.

Das Technikkonzept des Automobils bediente sich fast ein halbes Jahrhundert lang „geborgter Identitäten". Auch Schiffe und Flugzeuge waren technische Konstrukte, aber die Notwendigkeit, Wasser bzw. Luft strömungstechnisch optimal zu durchqueren, nötigten ihnen von Anfang an eine Umformung auf. Vor allem das Schiff galt als Archetyp der fließenden und gleichzeitig umschließenden Form. Militär- und Handelspolitik der Industrienationen nutzten die Flotte als technische Großform zur Durchsetzung der imperialen und kolonialen Interessen. Die Schiffsform wurde wissenschaftlich untersucht, die Strömungsfor-

Peugeot Type 4 von 1892: Ein Gefährt zwischen Kutsche, Kinderwagen und Gondel. Es handelt sich um den Typus des „Vis-à-Vis": Die Fahrgäste sitzen sich gegenüber.

schung im Labor begann. Doch es dauerte, bis die Zeitgenossen erkannten, dass auch ein Auto den Luftwiderstand überwinden muss und
dass die Verkleidung nicht nur zum Schutz von Insassen und Gepäck
vor Witterungseinflüssen dient, wie es noch bei der Kutsche der Fall
war.

Zwischen 1910 und 1925 entstanden die ersten vollverkleideten
Autos, die als Prototypen für Rekorde oder Sportveranstaltungen gefertigt wurden: Blitzen-Benz und Castagna-Alfa-Romeo, aber auch Edmund Rumplers Tropfenwagen. Man nannte die Form Torpedo, nach
den Unterwassergeschossen, die die großen Zerstörer abfeuerten. Das
Torpedo, wie es bereits Jenatzy 1899 mit der Jamais Contente verwirklicht hatte, schien den Konstrukteuren bis 1920 die optimale Strömungsform zu repräsentieren.

Tendenz zur geschlossenen Form: Stromlinie (1920–1950)

Mit steigenden Geschwindigkeiten, aber auch steigendem Forschungs-
aufwand in der Strömungstechnik begann das Verständnis für den nicht
unerheblichen Faktor des Luftwiderstands; dadurch veränderte sich die
Form der Automobile. Die Torpedoform beruhte auf der Annahme, dass
der Wagenkörper nur aus der Bodengruppe und den daraus hervor-
ragenden Komponenten Motor/Antrieb, den Sitzen und einem eventuell
vorhandenen Koffer-/Stauraum bestand. Die Räder und die Aufhängun-
gen spielten zunächst keine Rolle, sie wurden geradezu negiert. Erst ab
1920 verstand man, dass ein geschlossener Karosseriekörper auch die
Räder umformte – der Ley T6 von Paul Jaray (1922) war das erste komplett verkleidete Automobil im modernen Sinn.

Aus der Fluiddynamik stammte die Erkenntnis, dass die Spindelform die ideale Strömungsform ist, wenn ein Körper komplett von einem
Medium umströmt wird. Es dauerte, bis die Konstrukteure verstanden,
dass sich ein Automobil als Landfahrzeug anders verhält als ein U-Boot,

„La Jamais Contente" des Rennfahrers
Emil Jenatzy von 1899. 100 km/h schnell;
Elektroantrieb, Luftreifen, Torpedoform. Der
Fahrer ragt weit aus der Karosserie heraus.

ein Schiff oder ein Flugzeug. Die Anfänge der Stromlinie zeigen uns Autos, die wie Zigarren auf Rädern daherkommen. Die Verwirbelung durch die freistehenden Räder und der Auftrieb unter dem Bug des Wagens schränkten das Fahr- und das Strömungsverhalten negativ ein (eine Ursache für das katastrophale Fahrverhalten von Richard Buckminster Fullers Dymaxion Car). Um 1935 setzte sich das Prinzip der halben Spindel bzw. des Tragflächenprofils durch. Kurz darauf wurden auch die Windschutzscheiben schräg gestellt und die Kotflügel weitestgehend in die Karosserie integriert. 1937 entdeckte Wunibald Kamm das Abrissheck: Der plötzlich am Heck abreißende Luftstrom ist aerodynamisch genauso effektiv wie das lang auslaufende Strömungsheck, das aus konstruktiven und alltagspraktischen Gründen ineffizient ist. 1940 war dann die kompakte, vollverkleidete Pontonkarosserie eigentlich produktionsreif.

Doch die Kompaktform war zu avantgardistisch – der Verzicht auf viele Details, die das Automobil bis dahin als Objekt sui generis geprägt hatten, schien nicht vermarktbar. Auch Walter Dorwin Teague und Norman Bel Geddes in den USA entwarfen Ende der 1930er Jahre Stromlinienwagen, die den europäischen zum Verwechseln ähnlich sahen; produziert wurden sie jedoch genauso wenig wie die europäischen Prototypen, die neben Jaray für Maybach etwa von Jean Andreau für Peugeot designt werden. Was als „Stromlinie" oder „streamline design" jenseits der wirklich effizienten Aerodynamik auf den Markt kam, waren dann überarbeitete Varianten des Karosseriekonzepts der späten 1920er Jahre: Die Kotflügel wurden integraler Bestandteil der Karosserie, auch wenn sie immer noch mehr oder weniger frei herausstanden; die Front der Fahrzeuge schloss sich, indem die Scheinwerfer in die Kotflügel oder in den Raum zwischen Kühlermaske und Kotflügel integriert, also in die Karosserielinie eingebettet wurden. Das Gleiche galt für das Heck.

Mit der Durchsetzung der Ganzstahlkarosserie um 1937 wurde die Reduktion frei stehender Formen zu einem technischen und ökonomi-

Wagen „K4" von Kamm und Koenig-Fachsenfeld auf BMW-Chassis, 1940. Verwirklichte Ponttonform, Two-Box-Design, Abrissheck

schen Muss. Man konnte nun unterscheiden zwischen einer gemäßigten Stromline nach aerodynamischen Richtlinien (Chrysler Airflow, Tatra) und einer symbolischen Stromlinie, die vorhandene Volumina umkleidete und nach den Maßstäben des Zeitgeists als „streamlined" galt. Dazu gehörten in erster Linie europäische Luxuswagen, aber auch ein großer Teil der US-Produktion: Hier blieben die „klassischen" Volumina (Kotflügel, Motorhaube, Passagierraum, Kofferraum) erhalten, sie wurden aber durch weiche Übergänge und schräg gestellte Frontflächen (Kühler und Windschutzscheiben) „modernisiert". Interessanterweise blieben die (aerodynamisch häufig uneffektiven) symbolischen Stromliniendesigns bis in die 1950er Jahre hinein aktuell: Häufig sanken sie von den Luxus- zu den Kleinwagen herab. Das war auch ein Resultat der langen Kriegsjahre, in denen die Neuentwicklung von zivilen Automobilen eingestellt werden musste. Und in den Nachkriegsjahren wurden in Europa häufig nicht die Designs der frühen 1940er Jahre umgesetzt (die bereits für die Nachkriegszeit geplant waren), sondern man knüpfte an Vorkriegsformen an: Vom VW über den Fiat Topolino, den DKW 3-6, den Citroën 2 CV und Traction Avant/8CV bis zum BMW 501, Mercedes 190 oder Ford Taunus erschienen zwischen 1947 und 1952 Autos, die aussahen, als sei die Zeit seit 1939 stehen geblieben.

Die Pontonform
(1940–1950)

Zwei Faktoren machten die Vereinfachung der automobilen Form notwendig und möglich: die Einführung der Ganzstahlkarosserie und die damit verbundene Neukonstruktion von Großserienautos auf der einen, die symbolische und ästhetische Neuausrichtung des Autos am Flugzeug auf der anderen Seite. Die Trennung von einem Leiterrahmenchassis und der darauf sitzenden Karosserie wurde in den 1930er Jahren zugunsten der selbsttragenden Karosserie aufgegeben. Die Presswerke waren nun in der Lage, große und komplex geformte Karosserieteile zu fertigen, die verstärkt und verschweißt wurden, um eine „Grundzelle" zu formen, an die nur noch Kotflügel, Dach und Hauben angebracht werden mussten. Diese konstruktive Herausforderung implizierte auch eine ökonomische und diese wiederum eine ästhetische Herausforderung: Der Wettbewerb verlangte eine gewisse Standardisierung der Produktion bei gleichzeitiger ästhetischer Vielfalt. GM hatte das Prinzip der Gleichteile eingeführt, das es erlaubte, verschiedene Modelle verschiedener GM-Marken mit vielen weitgehend identischen Technikkomponenten auszustatten. Diese Rationalisierung bedingte auch eine „rationalere" Gestaltung des Produktionsprozesses. Die ausladenden Kotflügel neben den schmalen Motorräumen sowie die seitlichen Schweller und Trittbretter waren in der Produktion teuer und unpraktisch. Gleichzeitig begann mit dem Art Déco bzw. dem Streamline Design ein Trend zur komplett umschließenden, glatten, nicht mehr opulent verzierten Form. Dieser Trend affizierte auch das Automobildesign. Harley Earl und Raymond Loewy hatten das Advanced Design als Methode installiert, in die Zukunft zu denken und Projektionskörper zu erfinden, die die Phantasie der Verbraucher anstacheln und gleichzeitig ihre Bereitschaft für ästhetische Neuerungen testen sollten. Loewys Beratervertrag für Hupmobile endete jedoch 1935, als das Unternehmen in irreversible Marktprobleme geriet; seine automobilen Zukunftsvisionen konnte er vorerst nicht realisieren. Earl dagegen lancierte 1938 das erste Concept Car, den Buick Y-Job. Der Y-Job steckte voller technischer Gadgets wie elektrisch versenkbarer Fenster, aber er testete auch den Publikumsgeschmack jenseits der Stromlinien- und der Rennwagenästhetik. Die mit „speed lines" waagerecht verzierten Seiten spiegelten noch den Art-déco Charakter des Designs, dennoch war der Y-Job ein Riesenschritt in Richtung Emanzipation der automobilen Form.

Noch weiter als Earl ging zwei Jahre später Chrysler mit dem Thunderbolt, designt unter der Leitung von Alex Tremulis. Der Thunderbolt ging noch weiter in seinem radikalen Verzicht auf Kotflügel – es war die weltweit erste verwirklichte Pontonform. Die italienischen Karossiers

Chrysler Thunderbolt von 1941. Show Car mit Pontonform, versenkten Scheinwerfern und fast unsichtbaren Lufteinlässen, wie sie später beim Citroën DS zu finden sind. Design Alexander Tremulis

mit ihren stromlinienförmigen LeMans- und Mille-Migla-Coupés waren dagegen noch sichtbar der Spindelform verpflichtet. Nur die Carrozzeria Touring präsentierte 1939 ein Design für den Alfa Romeo 6C 2600, das dem Thunderbolt-Concept-Car mit seinen glatten Seitenflächen erstaunlich nahe kam.

Vom Jagdbomber zur Rakete (1940–1960)

Der Zweite Weltkrieg hatte die automobile Entwicklung gestoppt, selbst in den USA wurde mit dem Kriegseintritt die Automobilindustrie auf militärische Belange umgestellt. Viele Designer und Konstrukteure arbeiteten nun in der Flugzeugentwicklung. Das sollte sich nach Ende des Krieges auch ästhetisch im Automobildesign niederschlagen. Während in Europa das ein- oder zweisitzige Jagdflugzeug mit seiner knappen aerodynamischen Form gewisse Einflüsse bei der Gestaltung der Seitenansicht von Sportwagen hinterließ, waren es in den USA die großen Bomber und Aufklärer, deren Leitwerkdesign in die Karosseriegestaltung einfloss.

Die zunächst sehr kleinen Finnen am 1948er Cadillac waren von einem Militärflugzeug, der Lockheed Lightning, inspiriert. Hier zeigt sich die merkwürdige Faszination vieler Automobildesigner für eine Leittechnologie, die eigentlich eine Zerstörungstechnologie ist – doch bis zum Beginn der Raumfahrt blieb die Luftfahrt zweifelsohne das am höchsten entwickelte Technikkonzept der Fortbewegung. Giovanni Savonuzzis Entwurf für den Cisitalia-Sportwagen 202 von 1950 (bei Pininfarina gebaut) galt als erste europäische Pontonform; war seine Seitenlinie der Frontpartie und der nach hinten flach abfallenden Kanzel eines Jagdflugzeugs nachempfunden, so wies die Heckpartie keine weiteren Flugzeugmerkmale auf. Beidseits des Atlantiks wurden auch die seitlichen Auslassöffnungen für die Abgasrohre bei Jagdflugzeugen in die Seitengestaltung übernommen (z. B. bei Buick).

GM Firebird III von 1958 mit Glasfiber-Karosserie und Turbinenantrieb. Der Wagen sollte autonom fahren können. Design von Harley Earl und Norman J. James

Mit Beginn der 1950er Jahre avancierte die Raumfahrt durch die Konkurrenz der West-Ost-Blöcke zur neuen Leittechnologie. Science Fiction-Phantasien von Düsenjets, die dereinst bis ins Weltall fliegen könnten, beflügelten vor allem die amerikanischen Designs. Neben den Heckfinnen wurden die vorderen Stoßfänger zu konischen Raketenspitzen ausgeformt, GM versuchte mit seinen „Firebird"-Studien, einen Zwitter zwischen Automobil und Düsenjet zu konzipieren. Chryslers Designer und der italienischer Partner Ghia entwarfen raumschiffartige Wagen ebenso wie Ford unter dem Designchef George Walker.

Emanzipierung von Vorbildern (1960–1970)

Während die amerikanischen Hersteller zunächst noch an ihrer Strategie der Dream Cars und Concept Cars festhielten, die auf landesweiten Ausstellungen gezeigt wurden, versuchten die europäischen Marken einen Mix aus amerikanischen und europäischen Elementen zu einer eigenen, zeitgemäßen Formensprache weiterzuentwickeln. Dabei stand vor allem die Abkehr von den barocken und mittlerweile als altmodisch eingestuften Formen im Vordergrund. Mercedes verabschiedete sich mit der von Paul Bracq und Friedrich Geiger gezeichneten Flachkühler-Linie ab 1963 von der Flosse und der Panoramascheibe. Der Lincoln Continental von Elwood Engel mit seinen glatten Flächen und integrierten Stoßfängern setzte 1961 in den USA Maßstäbe. Ford Köln brachte im gleichen Jahr mit dem Taunus 12 m von Wes Dahlberg und Uwe Bahnsen die „Linie der Vernunft" auf den Markt. Die letzten Exemplare der stromlinienförmigen, Noch-nicht-Ponton-Vorkriegsgestaltung wurden um 1960 aus der Produktion genommen oder zumindest durch Neuentwicklungen flankiert (Morris/Austin Minor, DKW 3–6, BMW 501, Fiat 500).

Ford Seattle-ite XXI von 1962, Design Alex Tremulis

Pseudorationalisierung: Trapez, Keil
(1960–1980)

Um 1960 setzte eine Versachlichung des Designs ein, die weniger mit der Ablösung weicher, runder Formen durch kantige und trapezoide Flächen erreicht wurde als mit einem Verzicht auf Chromornamente, Sicken und Falze. Wichtiger als die überbordende Verzierung und Überformung einzelner Karosseriepassagen war nun die durchgehende Karosserielinie – ob als „Hüftlinie" wie beim viel kopierten Chevrolet Corvair oder als „Hüftschwung" bei Sportcoupés wie dem Ford Mustang. Die europäischen Designer formulieren die Trapezlinie und Raute vor allem bei den Limousinen im Three-Box-Design aus: die Front nach vorne geneigt, die Heckpartie entweder gegenläufig (Trapez) oder parallel dazu (Raute) gewinkelt. Das gleiche Prinzip galt für die Gestaltung der „Greenhouse" genannten Fenster- und Dachpartie. Britische Automobile wie Triumph und diejenigen von BMW (beide von Michelotti entworfen), einige französische Wagen von Peugeot (Pininfarina) und die italienischen Limousinen von Fiat (Centro Stile Fiat, Felice Mario Boano) und Lancia verkörperten zwischen 1960 und 1967 die idealtypische Trapezlinie.

Ganz allmählich wurden ab 1963 die Seiten- und Schulterlinie – nicht nur bei den Coupés – als leichte Schräge oder als von der Front zum Heck ansteigende Linie gezeichnet; Pietro Fruas Entwurf des Maserati Quattroporte macht den Anfang, Claus Luthes revolutionärer NSU Ro80 von 1967 verkörperte schon die Keilform, wenn auch mit konkav-konvexen Flächen kombiniert.

Alltagsästhetisch wurden geometrische, der Gerade und dem Winkel verpflichtete Formen als „rational" oder „funktionalistisch" bezeichnet, weil die Entwurfspraxis des Architekten, die dahinter assoziiert wurde, als funktionaler galt denn die des Stylisten. Mit der Abkehr von den ausladenden, schwellenden Formen des amerikanischen Chrombarock der späten 1950er Jahre kehrte eine gewisse Nüchternheit und

BMW 1500 „Neue Klasse" von 1962. Die Trapezform war von Giovanni Michelotti bei BMW eingeführt worden.

Klarheit ins Automobildesign zurück. Trapezoide, kantige Formen markierten den Modelljahrgang 1961/62 in den USA wie in Europa. Die Scuola Italiana definierte die Three-Box-Limousine als ideale Form; bei Mercedes-Benz entwickelten Bela Barenyi und Paul Bracq einen Wagentypus und ein Design, das von vorn und hinten identisch aussah, sich also von der Seitenmitte her symmetrisch entfaltete. Ob Raute im „forward look" oder Trapez – die „neue Kantigkeit" traf den Zeitgeist der Erneuerung, der Loslösung von den als beengt empfundenen 1950er Jahren. Die Keilform brach sich zuerst bei den Sportwagen Bahn: Die vordem sehr bauchigen, runden Fronten wurden im Laufe der 1960er Jahre durch keilförmig spitz zulaufende, scharf abgeschnittene Fronten ersetzt, der Kühlergrill rutschte unter die Sichtkante. Anfangs noch durch weiche Schwünge in der Seitenlinie gekennzeichnet, veränderte sich die Linienführung ab Mitte des Jahrzehnts zur „reinen Keilform", wie sie Marcello Gandini und Giorgetto Giugiaro idealiter formulierten, etwa beim Lancia Stratos, dem Lotus Elan oder den ungezählten Prototypen, die Bertone und Italdesign zwischen 1968 und 1973 der Öffentlichkeit präsentieren. Demgegenüber zeigte Pininfarinas Limousinen-Studie von 1975 ein wirklich effizientes aerodynamisches Design mit einem bis dato unerreichten Strömungswiderstandskoeffizienten (c_w-Wert) von 0,17.

Die Keilform war nur scheinrational – in dem simplen Verständnis, nach dem Kurven mit Emotionalität assoziiert werden. Ihr Erfolg hatte mehrere Ursachen. Die für jedermann verständlichen Formen konnten als zugleich vernünftig und effizient vermarktet werden (Effizienz im Sinne von besserer Aerodynamik gegenüber dem trapezoiden Three-Box-Design). Mit zunehmender Globalisierung der Märkte und der Produktionsanlagen wurde die Keilform zum Markenzeichen einer globalen, zeitgemäßen Formensprache von Kalifornien über Europa bis nach Japan. Der Begriff des „No-Frills-Car" (Auto ohne Mätzchen) beschreibt die Epoche treffend. Daraus ergab sich bei der gemäßigten Keilform, wie sie nun vom Kleinwagen über die Mittelklasse bis zum sportlichen

Die Keilform in der Großserie: Golf 1 von 1973, entworfen von Giorgetto Giugiaro/ Italdesign

Zweisitzer anzutreffen war, eine Win-Win-Situation im Sinne der Produktionseffizienz. Das Euro-Auto, bei dem Technikkomponenten von mehreren Herstellern gemeinsam entwickelt und/oder verbaut wurden, markierte schließlich den Stillstand des Automobildesigns in den späten 1980er Jahren. Überspitzt formuliert: Entweder verantwortete Giugiaro das Design selbst oder die Inhouse-Designer bemühten sich, Giugiaro zu imitieren.

Biomorphie und Retro (1980–2000)

Jede kulturelle und ästhetische Entwicklung ist durch Ungleichzeitigkeiten gekennzeichnet. Auch wenn der symbolische Rationalismus der Keilform ein auffälliges Merkmal der Zeit war, so gab es auch konkurrierende Vorstellungen. Pininfarina hatte sich gegenüber dem Konkurrenten Bertone immer durch fließende, weiche Formen differenziert. Die japanischen Designer entdeckten gegen Ende des Jahrhunderts die rundlichen Designs der Fünfzigerjahre wieder. Das relativ emotionslose, kantige zeitgenössische Design in den USA und Europa förderte einen Trend zur Nostalgie, der sich in der Wiederentdeckung „kultiger" Autos manifestierte. Es waren nicht mehr nur die raren, teuren Bugattis und Hispano-Suizas, die Museen und elitäre Autoshows zierten, auch die Alltagsautos der 1950er und frühen 1960er Jahre wurden neu bewertet: Der Käfer, der Mini, die Isetta, der Fiat 500 und viele mehr. Die Idee lag nahe, diese Autos neu entstehen zu lassen. Diese Entwicklung ging einher mit einer Strategie der Konzentration auf den Markenkern, und zwar gemäß dem Markenbild. Jeder Hersteller suchte nach ikonischen Modellen, die als Ganzes oder in Teilen die Werte und das Bild der Marke scheinbar zeitlos transportierten – klassische Merkmale, die nun im Design aufgegriffen wurden. Mit der Suche nach den Ur-Autos jeder Marke wurde der Nostalgie-Trend verstärkt und das Retro-Design offiziell. New Beetle, New Mini, New 500, Fiat Barchetta, Nissan Figaro,

Retro-Look 2004: VW New Beetle von Jay Mays und Freeman Thomas

Mazda MX-5, Lancia Thesis sind Neuauflagen oder Reminiszenzen an Modelle, die es einmal gegeben hat oder hätte geben können. Der Terminus „Simulacrum", den der Philosoph Jean Baudrillard für Phänomene geprägt hat, die die Kopie eines Originals sind, das es nie gegeben hat, trifft vor allem auf die japanischen und US-amerikanischen Modelle zu. Diese Entwicklung, in den frühen 1990er Jahren begonnen, reichte bis in die frühen 2000er Jahre hinein; nahezu alle Marken brachten in diesen Jahrzehnten Modelle heraus, die sich formal auf ein oder mehrere Modelle der 1950er und 1960er Jahre bezogen. Vorbilder waren u. a. Jaguar MK2, Mercedes 300 SL, Ford Mustang und GT 40, Chevrolet Camaro, Dodge Challenger, Citroën CX.

Hypersemantik, Überzeichnung (ab 2000)

Als Verstärkung und Weiterentwicklung dieser Retrogestaltung kann auch das Prinzip der Hypersemantisierung und Überzeichnug gesehen werden. Bestehende Designs aus den vergangenen Jahrzehnten werden auf „Auffälligkeiten", auf besondere Details hin überprüft und diese Details dann im Sinne einer Markenkonturierung überzeichnet. Radlippen, Kühlergrills, Sicken, Seitenlinien, Rückleuchten – Elemente aus Designs, die für die Marke einmal bedeutsam waren, bilden nun den Kern des Neuen. Neben der Oberflächengestaltung gewinnt ein Aspekt der Gesamtanmutung an Bedeutung: die Überhöhung von Verhältnissen. Radgrößen, der Abstand der Räder zu den Radkästen, die Höhe der Gürtellinie und dazu korrespondierend die Höhe des Greenhouse führen zu bewussten Verzerrungen, die sich oft wie Vergrößerungen von Spielzeugmodellen lesen. Vor allem der Aspekt verkürzter, „gechoppter" Greenhouses auf einem sehr massigen Wagenkörper führt zum Eindruck der individualistischen, nach außen abgeschotteten Fahrmaschine, die über ihre Scheinwerfergestaltung häufig auch noch eine Raubtiermetaphorik evoziert. Das Auto ist nicht mehr offener Be-

Zwischen dem „bösen Blick" aus Animationsfilmen für Kinder und der Lifesize-Variante von Spielzeugautos: Chevrolet Camaro Neuauflage von 2006

standteil des öffentlichen Raums, sondern gepanzerte Kapsel in einer unwirtlichen, menschenfeindlich gewordenen Stadtwelt. Während diese Phänographie vor allem für SUVs und Sportwagen, aber auch zunehmend für die Mittelklasse bezeichnend ist, gibt es die Paralleltendenz zum bunten, freundlichen Auto, das über einen Farb- und Materialmix Spaß und Urbanität zu kommunizieren versucht. Auch hier scheinen die Vorbilder mitunter aus den zusammensteckbaren Automodellen der Kinderzimmer zu stammen. Auffällig ist, dass die Elektromobilität bis zum aktuellen Jahr 2016 bis auf ganz wenige Ausnahmen und zaghafte Ansätze noch kein eigenes Design für sich geschaffen hat, sondern die meisten Stromer im Gewand des Benziners daherkommen. Die Abkehr von der Verbrennungsmaschine wird eine Abkehr vom tradierten Autobild nach sich ziehen: Das ahnen die meisten; doch diesen Prozess zu vollziehen und damit die über einhundert Jahre lang eingeübte Idee des autonomen Lenkers aufzugeben, wird noch eine Weile dauern.

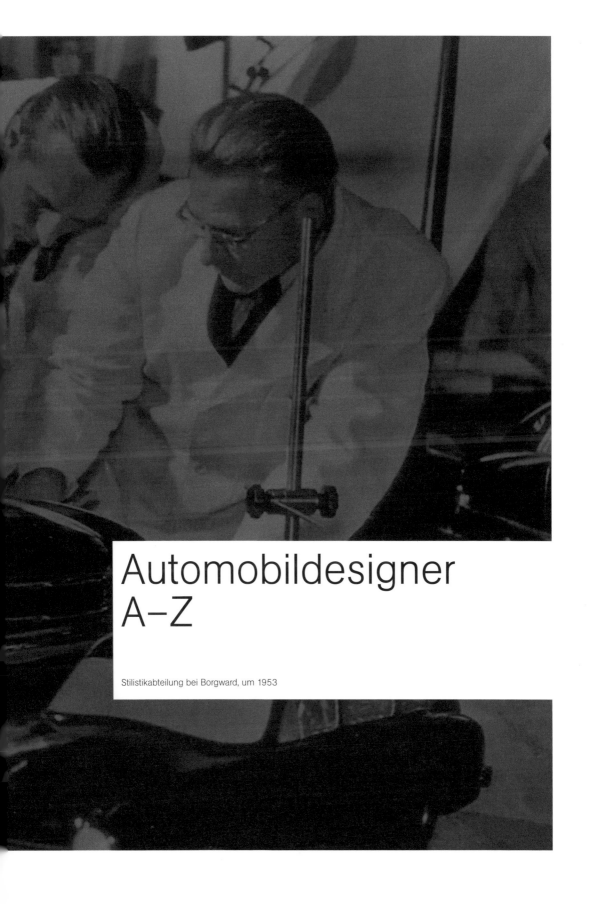

Automobildesigner
A–Z

Stilistikabteilung bei Borgward, um 1953

A

Hermann Ahrens
1904–1995

Horch
Mercedes-Benz

MB 540 Autobahnkurier
MB 500 K
MB 300 „Adenauer"
MB 190 SL (1955)
MB LKW „Neue Generation"

Ahrens arbeitete im Karosserieentwurf bei Horch, als er 1932 von Daimler-Benz abgeworben wurde, um der Marke einen modernen, eleganten Auftritt zu geben. Sein Heckmotor-Typ 130 von 1934 konnte noch nicht überzeugen, doch mit den Stromlinienlimousinen Typ 320/540 Autobahnkurier von 1937 und dem MB 500 K gelangen Ahrens prägende Designs. Nach dem Krieg entwarf er mit Friedrich Geiger den MB 300 „Adenauer" (1954–1960) und den 190 SL (1955). Ab Mitte der 1950er Jahre war er für die Nutzfahrzeug-

designs bei Mercedes-Benz verantwortlich, zunächst für den Frontlenker-LKW LP 315, den Omnibus O 321 und den Typ L/O 319. Daimler-Benz gehörte dadurch in den 1950er Jahren zu den ersten Herstellern, die Design-Kriterien auch für Nutzfahrzeuge im Sinne eines Markenbildes anwandten. Die Fronten der LKWs und Busse besaßen deutliche Anklänge an die Sport-Modelle 300 SL und 190 SL. Ahrens arbeitete auch am Design der LKWs der „Neuen Generation" ab 1973 mit.

MB 540 Autobahnkurier, 1937

Prototyp eines „kleinen Mercedes", 1957

Carlo Felice Bianchi Anderloni
1916–2003

Touring
Alfa Romeo

Maserati 3500 GT
Aston Martin DB 4
Lamborghini 350 GT

Nach dem Studium am Polytechnikum Mailand trat Anderloni um 1940 in die von seinem Vater gegründete Carrozzeria Touring ein. Erste Entwürfe von ihm waren ein Alfa Romeo 6C 2500 SS Coupé und das Coupé Villa d'Este. Nach dem Tod des Vaters 1949 wurde Anderloni verantwortlicher Designer und Karosserieentwickler bei Touring. Zwischen 1950 und 1965 entstanden seine wichtigsten Entwürfe, die

das Bild des modernen italienischen Automobildesigns mitgeprägt haben: Ferrari 166 S, Lancia Flaminia GT, Maserati 3500, Hudson-Italia, Aston Martin DB4 und DB5, Alfa Romeo 1900 Sprint und 2000 Touring Spider, Lamborghini 350 GTV. Nach der Schließung von Touring 1966 arbeitete Anderloni als Designberater für Alfa Romeo.

Lancia Flaminia Cabriolet, 1959

Anderson war seit 1936 Designer im Oldsmobile-Studio bei GM, bis er 1950 von George W. Mason, dem Präsidenten von Nash Motors, abgeworben wurde, um eine Designabteilung bei Nash aufzubauen. Davor hatte das Unternehmen ausschließlich mit externen Designern zusammengearbeitet. Anderson blieb bei dieser Praxis. Er gewann Battista Pininfarina für einige Projekte, auch wenn die produzierten „Pininfarina-Designs" hauptsächlich von Anderson selbst stammten. Zwischen 1950 und 1955 engagierte er Helene Rother, die als Spezialistin für Interior Design galt. Der berühmte Nash Metropolitan stammt von William Flajole, die Hudsons der Baujahre 1956–57 von Richard Arbib. Nachdem sich Nash und Hudson 1954 zu American Motors zusammengeschlossen hatten, wurden die verschiedenen Studios nach kurzer Zeit zusam-

mengelegt. AMC litt an chronischem Geldmangel, deswegen folgten alle Designs der Maßgabe minimaler Werkzeugkosten. Bis zu seinem Ausscheiden 1961 zeichnete Anderson für die hochgelobte Rambler American-Linie verantwortlich.

Edmund A. Anderson
1906–1989

GM
Nash
AMC

Rambler American

Nash Rambler, 1953

AMC American, 1961

Jean Andreau war ein französischer Konstrukteur, der seit den späten 1920er Jahren mit der Stromlinie experimentierte und in den 1930er Jahren mit Entwürfen für Peugeot (402), Delage und Hispano-Suiza sehr be-

kannt wurde. Er entwarf auch die Form des Rekordfahrzeugs Thunderbolt von George Eyston 1938. Während und nach dem Zweiten Weltkrieg arbeitete er an den frontgetriebenen Kleinwagen Mathis 333 und 666.

Jean Andreau
1890–1953

Eigenes Studio
Peugeot
Delage
Hispano-Suiza
Mathis

Peugeot 402
Mathis 333

Peugeot 402, 1937

Mathis 333, 1951

Richard Arbib
1917–1995

GM
Packard
Hudson
Eigenes Studio

Packard Pan American 1952
Hudson V-Line 1955
Astra Gnome
Ford FX Atmos

Arbib studierte am Pratt Institute in New York City. 1939 begann er als Designer bei GM. Nach dem Krieg ging er zur Henney Motor Co., einem Hersteller von Spezialaufbauten und dem Karosserielieferanten von Packard. Zwischen 1951 und 1954 designte Arbib dort Packard Nutzfahrzeuge. 1952 bekam er den Auftrag für das Packard Show Car Pan American, das auf der International Motor Sports Show in New York City ausgestellt wurde. Der Pan American gewann den Preis für das beste Design. Arbib machte sich selbstständig und arbeitete als freier Designer für GM,

International Nickel, Republic Aviation, Simca, Swank Jewelry, Tidewater Oil, Union Pacific und U.S. Rubber. 1955 beauftragte ihn American Motors mit dem Design für die große Hudson-Linie, die als V-Line Hudson bekannt wurde. 1956 entwarf er ein Space-Mobil namens Astra-Gnome, das es auf das Cover des *Newsweek*-Magazins schaffte. Bereits 1954 hatte er am Ford FX Atmos mitgearbeitet. Arbib war ein Allround-Designer, der in den späten 1950er Jahren mit dem Design von Uhren, aber auch mit Entwürfen für die Century Boat Company großen Erfolg hatte.

Hudson V-Line, 1955

Ford FX Atmos, 1954

L. David Ash
1921–1991

Ford
Lincoln
Mercury

Ford Victoria Skyliner 1955
Lincoln Continental Mk 2
Ford Taunus 1961
Ford Mustang 1965
Lincoln Continental Mk 3

Ash begann bei Ford und war einer der vielseitigsten Designer für den Konzern dies- und jenseits des Atlantiks. Er arbeitete in nahezu jedem Studio der Ford Styling Divison: In den 1950er Jahren am Edsel, Ford Thunderbird und an diversen Lincolns (Continental Mk 2–Mk 5). 1959/60 wechselte er zu Ford Europa nach

Köln und gestaltete das Armaturenbrett des damals innovativen Ford Taunus. Zurück in Dearborn entwarf er die Lincoln Präsidentenlimousine und arbeitete mit John Najjar und Joe Oros am Ford Mustang-Projekt. Zu seinen letzten Designs gehören die Lincoln Continental Mk 3 der 1970er Jahre.

Lincoln Continental Mk 2, 1956

Roy Axe
1937–2010

Rootes
Chrysler
British Leyland

Hillman Avenger
Sunbeam Rapier
Chrysler 1307
Rover 800

Axe machte ab 1953 eine Ausbildung zum technischen Zeichner bei Rootes. 1957 begann er dort als Stylist zu arbeiten, 1967 wurde er Chefdesigner. Nach der Übernahme durch Chrysler 1967 wurde Axe 1970 Design Director für Chrysler Europa. Mitte der 1970er Jahre arbeitete er bei Chrysler in Detroit. 1982 wurde Axe Designchef bei British Leyland in der Nachfolge von David Bache. 1991 machte er sich mit seiner Firma DRA selbstständig, die 1999 von der Arup-Gruppe übernommen wurde. Zu Axes bekannten Entwürfen zählen der Subeam Rapier, der Hillman Avenger, der Simca/Chrysler 1307, Chrysler 180 und Horizon, für die Leyland-Gruppe der Austin Montego und der Rover 800.

Sunbeam Rapier, 1969

David Bache
1925–1994

Rover
British Leyland
DBA

Rover P5
Rover P6
Land Rover S 2 + 3
Range Rover
Rover SD1/3500
Austin Metro

Bache begann 1948 in der Karosserieentwicklung bei Austin, ehe er 1954 in die Styling-Abteilung von Rover wechselte. Der erste Wagen, an dem er maßgeblich das Design verantwortete, war der 1958 vorgestellte Rover P5. 1962 bekam der P5 ein Facelift und es entstand die viertürige Coupé-Variante, die heute als der klassische Rover gilt. Seine bekanntesten Entwürfe lieferte Bache in den 1960er- und 1970er Jahren ab. Der 1964 erschienene Rover P6 wurde das erste „Auto des Jahres". Neben diversen Karosserieretuschen am Land Rover ging Bache ab 1968 gemeinsam mit Spen King an den Entwurf eines Allrad getriebenen „Road Rover". Als Range Rover entwickelte sich der Urahn des SUV von einem funktionalen Zweitürer zum luxuriös ausgestatteten Fahrzeug der Oberschicht und City-Cruiser. Angeregt durch die Pininfarina-Studie BLMC 1600 Aerodinamica und die Linienführung des Ferrari 365 GTB Daytona konzipierte Bache in den frühen 1970er Jahren den Nachfolger von P5 und P6, den Rover SD1. Der SD1 wurde 1977 ebenfalls „Auto des Jahres". 1975 wurde Bache infolge des Zusammenschlusses nahezu aller britischer Marken im British-Leyland-

Rover P6 2000, 1964

David Bache
Fortsetzung

Rover
British Leyland
DBA

Rover P5
Rover P6
Land Rover S 2 + 3
Range Rover
Rover SD1/3500
Austin Metro

Konzern zum Design-Direktor berufen. Er erarbeitete einen großen Rover (P8) und einen Sportwagen mit Mittelmotor (P6BS), die beide wegen des Widerstands von Jaguar nicht realisiert wurden. Ende der 1970er Jahre entstanden der Nachfolger des Mini, der Austin Metro und verschiedene Kleinwagenmodelle, deren Entwurfsprozess Bache begleitete. 1981, als der Niedergang von Leyland nicht mehr aufzuhalten war, gründete David Bache das Designbüro DBA/David Bache Associates.

Range Rover 1, 1969

Uwe Bahnsen
1930–2013

Ford

Ford Taunus P3
Ford Capri 1–3
Ford Escort 1–3
Ford Taunus „Knudsen"
Ford Scorpio

Nach einer Lehre als Schauwerbegestalter und einem anschließenden Kunststudium an der HDK Hamburg arbeitete Bahnsen als Ausstatter und Illustrator für den Film und in der Werbung, bevor er 1958 zu Ford Köln kam. Seine ersten Spuren als Designer hinterließ er beim Taunus P3/17m von 1961, der „Linie der Vernunft". Das Design wird häufig allein Bahnsen zugeschrieben, es ist aber noch unter der Verantwortung von Wes Dahlberg entstanden, bevor dieser nach Detroit zu Lincoln wechselte. Bahnsen arbeitete danach als Chefdesigner am Capri 1, der ein britisch-deutscher Mischentwurf war, und leitete das Design für den Taunus TC „Knudsen" (1970), den Capri II und III, den Escort Mk 3 (1980), den Sierra (1982), und den Scorpio I (1985). 1986 wechselte Bahnsen von Köln in die Nähe von Vevey in der Schweiz, um Direktor des Art Center College of Design zu werden, der Europa-Niederlassung des Pasadena Art Center College.

Ford Capri 1, 1969

Bangle studierte Freie Kunst und anschließend Automotive Design am Pasadena Art Center College. Seine erste Station war 1981 das Opel Styling Center, wo er als Interior Designer arbeitete. 1985 wechselte er zum Fiat Centro Stile. Dort designte er das wegen seiner Linienführung umstrittene Fiat Coupé, das ihn schlagartig bekannt machte. 1992 wurde

Bangle zum Direktor des Centro Stile ernannt. Noch im selben Jahr erfolgte der Wechsel zu BMW America, dann zu BMW München. Bangle blieb dort Designchef bis 2009. Sein Nachfolger wurde der bisherige Chefdesigner Adrian van Hooydonk. Bangle gab BMW, den Marken MINI und Rolls-Royce ein unverwechselbares, allerdings auch sehr kontrovers diskutiertes Design.

Chris Bangle
1956

Opel
Fiat
BMW
CBA

Fiat Coupé
BMW Z3, Z4
BMW 1er–7er, 1994–2009

Fiat Coupé, 1994

BMW Z4, 2010

BMW 7er, 2001

Nach seinem Militärdienst arbeitete Barbaz ab 1945 für Ford. Zu seinen ersten Aufgaben gehörten Entwürfe für den 1949er Lincoln Continental und den 1949er Presidential Lincoln. Barbaz wechselte in Gil Spears Advanced Studio und designte Anfang der 1950er Jahre das XL-500 Dream Car. Unter Roy Brown war er mit dem

Styling für den 1958er Ford Edsel betraut. Aus dem Projekt mit Codenamen „Quicksilver" für den Modelljahrgang 1959/60 wurde eines der erfolgreichsten Ford-Modelle überhaupt; der ewige Konkurrent Chevrolet konnte ein zweites Mal seit 1935 abgehängt werden. George Barbaz ging 1981 in den Ruhestand.

George Barbaz
1920 (?)

Ford
Lincoln

Lincoln Continental
Ford XL-500
Ford 1959

Lincoln XL-500, 1953

'59 Ford, 1959

B

Robert Barthaud
(?)

Renault

Renault Dauphine, R8

Barthaud war Ingenieur und Karosserieentwickler bei Renault von 1949 bis in die 1960er Jahre. Gemeinsam mit Jacques Ousset entwarf er 1951 den Renault Dauphine und das Nachfolgemodell R8. Beim Design des R8 flossen allerdings auch Ideen von Philippe Charbonneaux ein.

Renault Dauphine, 1952

Johannes Beeskow
1911–2005

Erdmann & Rossi
Deutsch
Rometsch
Karmann

Mit 15 Jahren begann Beeskow eine Lehre in der Karosseriefirma Josef Neuss in Berlin. Parallel dazu belegte er ein Abendstudium an der Berliner Karosserie-Lehranstalt. Für sein Gesellenstück, einen 10/40-PS-Opel, erhielt er den Staatspreis der Handelskammer. Er arbeitete als Formgestalter in der Konstruktionsabteilung der Firma Neuss. 1933 übernahm der Ortskonkurrent Erdmann & Rossi die Firma. Beeskow wurde Konstruktionschef und Chefdesigner. 1949 musste Erdmann und Rossi den Betrieb aufgeben. Im gleichen Jahr entwarf Beeskow für die Firma Karl Deutsch in Köln ein Cabriolet auf der Basis des Buckel-Taunus. 1952 wechselte er zu Fritz Rometsch, den er noch aus der gemeinsamen Zeit bei Erdmann & Rossi kannte. Dort entwickelte Beeskow seine bekanntesten Designs, ein Sportcoupé und ein Cabrio auf der Basis des VW Käfer. Die Designs wurden 1954 und 1955 mit einem „Grand Premier Prix" beim Automobilsalon in Genf ausgezeichnet; 585 Einheiten wurden gebaut. Ein ähnliches Design hatte Beeskow bereits 1951 mit dem Goliath 1100 (Coupé und Cabrio aus Aluminium) vorgestellt. 1953 ging Beeskow wieder zu Deutsch in Köln und entwarf Cabrio-Umbauten. 1956 wechselte er zu Karmann als Leiter der technischen Entwicklung. Dort entstanden u. a. der Karmann Ghia, einige BMW-Coupés und das Opel Diplomat V8 Coupé. 1976 endete die berufliche Laufbahn von einem der profiliertesten deutschen Automobilgestalter der frühen Jahre.

Goliath 1100 Sportcoupé, 1951

Horch, 1940

Rometsch VW Cabriolet, 1954

Bel Geddes studierte Kunst am Cleveland Institute of Art sowie am Art Institute of Chicago. Erste Aufträge erhielt er als Bühnenbildner in Los Angeles und 1918 wurde er Bühnenbildner an der Metropolitan Opera in New York. 1925 ging Bel Geddes nach Los Angeles und entwarf Szenerien für Hollywood-Filme und Theaterstücke. 1927 begann seine zweite Karriere als Industriedesigner. Für den Automobilhersteller Graham-Paige war Bel Geddes ab 1928 als Designberater tätig, aber die Weltwirtschaftskrise verhinderte die Umsetzung der Pläne. 1929 entstand das Modell des „Airliner Number 4", ein Amphibienflugzeug mit verschiedenen Decks, Orchestersaal, Sporthalle, Solarium und Hangars für zwei kleinere Wasserflugzeuge. Zur Weltausstellung

1939 in New York entwarf Bel Geddes den riesigen „Futurama"-Pavillon für General Motors. In ihm sollten sich die Zuschauer in das Jahr 1960 versetzt fühlen. Tausende von Modellautos fuhren hier ferngelenkt durch eine Modellstadt der Zukunft. Bel Geddes war einer der Gründer der Industrial Designers Society of America (IDSA).

„Futurama"-Pavillon, 1939

Norman Bel Geddes
1893–1953

Eigenes Studio

„Futurama"

Giovanni Bertone gründete seinen Stellmacherbetrieb 1912, doch es dauerte bis 1921, ehe die Karosseriewerkstatt ihren ersten Auftrag für eine Automobilkarosserie erhielt. Bertones Bekanntschaft mit Vicenzo Lancia öffnete die Türen zur Automobilindustrie, vor allem zu Fiat. In den 1930er Jahren baute Bertone mit etwa 50 Mitarbeitern einige Stromliniencoupés für Rennzwecke, aber auch Nutzfahrzeugaufbauten. Giovanni Bertones Sohn Guiseppe, Spitzname „Nuccio",

begann seine Laufbahn 1933 in der Firma seines Vaters und übernahm sie 1950. Nach Kriegsende fuhr Nuccio Bertone Rennen und baute einige von Stanguellini getunte Fiats mit Spezialkarosserien. Eine Kleinserie auf MG-Basis und der Auftrag für den Arnolt-Bristol sicherte Bertone Anfang der 1950er Jahre das Überleben. 1955 gelang Bertone der Weg an die Spitze der Stylingstudios, als er für Alfa Romeo die B.A.T.-Prototypen entwarf und ein Weltrekordfahr-

Carrozzeria Bertone
1912–2014
Giuseppe Bertone
1914–1997

Fiat
Lancia
Alfa Romeo
BMW
Citroën
Lamborghini
Volvo

Alfa Romeo 2000 Sportiva, 1954

B

Carrozzeria Bertone
Giuseppe Bertone
Fortsetzung

Fiat
Lancia
Alfa Romeo
BMW
Citroën
Lamborghini
Volvo

zeug für Abarth baute. Doch vor allem mit dem Alfa Romeo Giulietta Sprint, der 1954 vorgestellt und mit 60.000 produzierten Einheiten ein langjähriger Erfolg wurde, etablierte sich Bertone als Carrozzeria und Studio. Nuccio Bertone hatte früh erkannt, dass die Serienfertigung von Karosserien für große Hersteller die Grundlage für den Erfolg der Firma bedeuten würde. Die Entwürfe des Chefdesigners Franco Scaglione sicherten Bertone internationale Beachtung, die sich im Design und der Produktion von immer mehr Modellen niederschlugen: NSU Sport Prinz, Maserati 3500, Simca 1000 Sport, BMW 2300 CS – dazu kamen regelmäßige Aufträge für Alfa Romeo und Fiat. Ende der 1960er Jahre war Bertone mit 31.000 produzierten Einheiten neben Pininfarina und Ghia zu einem der wichtigsten Zulieferer in der europäischen Automobilindustrie geworden. Die Palette umfasste kleine Sportwagen wie Fiat 850 Spider und Simca 1200 S, aber auch Luxus-GTs wie Fiat Dino Coupé,

Alfa Romeo Montreal und verschiedene Lamborghini. Das Bertone-Design wurde nun maßgeblich von Giorgetto Giugiaro bestimmt, der 1960 Nachfolger von Scaglione geworden war und bis 1965 blieb. Sein Nachfolger wurde Marcello Gandini. Gandini setzte mit dem 1968 gezeigten Alfa Romeo Carabo einen neuen Designtrend, die Keilform. Viele Studien und Serienfahrzeuge Bertones folgten dem Keil (Lancia Stratos, Lamborghini Urracco, Countach) und setzten ein Gegengewicht zu den eher weichen, fließenden Formen Pininfarinas. Die Ölkrise von 1973 setzte der Showcar-Entwicklung Grenzen, man entwarf und produzierte nun vor allem Serienfahrzeuge der Mittelklasse für Volvo und Citroën, die als neue Kunden hinzugekommen waren. Für Citroën arbeitete Bertone ab 1975 in Ergänzung der internen Designabteilung. 1982 wurde der Fiat X1/9 als Bertone X1/9 produziert. Opel ließ bei Bertone das Kadett-E-Cabriolet, das Astra-F-Cabriolet sowie die Astra-

Alfa Romeo Giulia Sprint, 1955

Fiat 850 Spider, 1965

Alfa Romeo Super Sprint, 1957

G-Coupés und -Cabriolets bauen.
1979 übernahm der Renault-Designer
Marc Deschamps Gandinis Stuhl und
blieb bis 1992. In dieser Zeit begannen die Rezession und eine daraus resultierende Absatzflaute in der
Automobilbranche auch bei Bertone
gnadenlos zuzuschlagen. 2009 geriet
Bertone in unüberwindbare Schwierigkeiten. Zunächst wurden die Fabrikationshallen an Fiat verkauft, das Design
sollte in der Familie bleiben. 2011
mussten einige Exponate aus dem
Firmenmuseum versteigert werden.

Tundra Studie für Volvo, 1980

2014 meldete Bertone Konkurs an.
Die Namensrechte wurden an eine
neue Designfirma, Bertone Design,
übertragen.

Alfa Romeo Carabo Studie, 1968

Volvo 262C, 1980

Lancia Stratos, 1975

B

Flaminio Bertoni
1903–1964

Macchi
Citroën

Citroën 7/11/15 CV
Citroën 2 CV
Citroën T.U.B.
Citroën DS 19/21
Citroën Ami 6

Bertoni studierte bis 1918 an der Technischen Hochschule in Varese. Er schloss ein Schreiner-Praktikum bei der ortsansässigen Karosseriewerkstatt Carrozzeria Macchi an, bevor er dort in die Abteilung der Karosseriebauer wechselte, wo seine Leidenschaft für das Automobil geweckt wurde. Gleichzeitig begann er mit dem Zeichnen und plastischen Arbeiten. 1922 übertrug ihm die Geschäftsführung von Macchi die Leitung der Planungsabteilung. Als eine Gruppe von französischen Technikern die Firma Macchi besuchte, sahen sie Bertonis Entwürfe und luden ihn ein, seine Kenntnisse in Frankreich zu erweitern. 1925 kehrte Bertoni zu Macchi zurück und wurde Chefzeichner. 1929 gründete er ein Projektbüro in Varese. 1932 siedelte er nach Paris um und begann seine Entwurfsarbeit bei Citroën. Sein erstes Projekt, das Modell Traction Avant, entwarf Bertoni nicht auf Papier, sondern direkt in Ton. Unter der Leitung von Pierre Boulan-

ger wurde 1936 mit den Arbeiten für den TPV, den späteren 2CV begonnen. Neben Citroën war Bertoni auch für andere Auftraggeber tätig: Die Carrozzeria Baroffio baute unter Bertonis Leitung einen Autobus nach dem Niederflur-Prinzip. 1939 designte er das erste Lieferfahrzeug von Citroën auf Plattform-Basis, den T.U.B. Nach dem Krieg widmete sich Bertoni wieder der Arbeit am 2CV und der „Voiture a Grande Diffusion" („VGD", der späteren DS), die den Traction Avant ersetzen sollte. 1948 wurde auf dem Pariser Automobilsalon sein zweites großes Design vorgestellt, der 2CV. 1955 war jedoch das Jahr, das Bertoni seinen späteren Weltruhm brachte: Der Citroën DS 19 wurde vorgestellt. Das Design war damals nicht nur aufsehenerregend, es war vor allem erfolgreich: 12.000 Vorbestellungen gingen allein während des Autosalons ein. 1961 kam Bertonis letzter Entwurf auf den Markt, der Citroën Ami 6 – für Bertoni war dies sein bestes Design.

Citroën DS 19, 1955

Citroën Ami 6, 1961

Georg Bertram arbeitete ab 1959 unter Designchef Wilhelm Hofmeister gemeinsam mit Manfred Rennen und Giovanni Michelotti an der sogenannten „Neuen Klasse", dem BMW 1500 und später am BMW 2002. Bertram entwickelte auch einen Micro-Van namens City.

BMW 1500, 1963

Georg Bertram
(?)

BMW

BMW „Neue Klasse"
1500, 2000, 2002

Louis Bionier war seit 1929 Chefdesigner bei Panhard, bis die Marke 1965 von Citroën übernommen wurde. Bionier orientierte sich stark an der Stromlinie. Nach den sehr biomorphen

Designs bis in die 1950er Jahre war das Design für den Typ 24ct aus dem Jahr 1963 extrem modern und einflussreich. Der Citroën-Panhard-Hybrid Dyane war seine letzte Arbeit.

Louis Bionier
1898–1972

Panhard

Dyna, Dynavia, 24 CT
Citroën Dyane

Panhard Dyna Z, 1953

Panhard 24 CT, 1963

Blakeslee studierte Industrial Design an der University of Notre Dame in South Bend. Nach seinem Abschluss 1960 begann er in der Chrysler-Designabteilung. Im Zuge der Übernahme von Rootes und Simca-Talbot durch Chrysler 1976 wurde Blakeslee europäischer Style Director für beide Marken in der Nachfolge von Roy Axe. In dieser Funktion kümmerte sich Blakeslee vor allem um den Aufbau der Marke Talbot für den französischen Markt. 1983 wechselte Blakeslee zur PSA-Gruppe (Citroën-Peugeot) in das Advanced Design Studio. 1987 wurde er Designchef von Centre Création Citroën. Unter seiner Leitung entstan-

den die Modelle ZX, Xantia, Saxo, Xsara und C5. Nach einer Reihe unaufregender Citroëns initiierte Blakeslee ab 1990 eine Reihe von Konzeptfahrzeugen, die die Marke vom Design her wieder interessant machten. Auch der avantgardistische DS-Nachfolger C6 geht auf Blakelees Initiative zurück. 1999 ging er in den Ruhestand.

Arthur Blakeslee
1935

Chrysler
Citroën

Talbot Tagora
Citroën ZX
Citroën Xantia
Citroën C3 Pluriel
Citroën C6

Citroën ZX, 1991

Talbot Tagora, 1978

Citroën C6, 2005

John Polwhele Blatchley
1913–2008

Gurney Nutting
Rolls-Royce
Bentley

Der Flugzeugingenieur und Aerodynamiker begann 1935 als Entwurfszeichner bei der Karosseriebaufirma J. Gurney Nutting. Nach dem Weggang des bisherigen Chefdesigners McNeil wurde Blatchley sein Nachfolger. 1940 wechselte er zu Rolls-Royce, erst in die Flugmotorenabteilung, ab 1945 in den Karosseriebau. Erst 1951 wurde eine Stylingabteilung gegründet, 1955 wurde er dort Designchef. Als solcher war er für alle viertürigen „Standard"-Limousinen vom Silver Dawn bis zum Silver Shadow und bei Bentley für die T Serie, den R Type und die S1 Park Ward Continentals, den Silver Cloud und den Rolls-Royce Phantom V verantwortlich. 1969 ging er in den Ruhestand.

Bentley R Type Continental, 1955

Rolls-Royce Silver Shadow I, 1967

Carrozzeria Boano
1954–1957
Felice Mario Boano
1903–1989

Vignale
Fiat
Alfa Romeo
Abarth
Fiat 1100, 1300

Nach Lehrjahren bei den Stabilimenti Farina und einer kurzen Zeit als Angestellter bei Pininfarina machte sich Boano in den 1930er Jahren als Entwerfer für Unternehmen wie Vignale und Ghia selbstständig. Nach dem plötzlichen Tod von Giacinto Ghia 1944 übertrug man Boano die Leitung der Carrozzeria Ghia; später wurde er Teilhaber. 1949 engagiert Boano den Ingenieur Luigi Segre als Entwurfspartner. 1953 kam es zum Zerwürfnis mit Segre, woraufhin Boano eine neue Firma gründete, die Carrozzeria Boano. Ab 1954 arbeitete er vor allem für Alfa Romeo und Abarth. 1956 kam Ferrari als Kunde dazu; Boano stellte den Großteil der Karosserien für den Ferrari 250 GT her. Daneben entstanden Einzelstücke auf unterschiedlichen Chassis. 1955 entwarf er für Ford das Concept Car „Indianapolis". 1957 wurde Boano Leiter des neu gegründeten Fiat Centro Stile. Sein Sohn Gian Paolo Boano folgte ihm zu Fiat und übernahm die Leitung der Designabteilung 1959 von seinem Vater. Felice Mario Boano arbeitete bis 1966 als Designberater für Fiat.

Fiat 1500, 1963

Boneschi wurde 1919 in Mailand als Karosseriebetrieb gegründet. Nach dem Tod des Gründers Giovanni Boneschi 1946 spezialisierte man sich auf Spezialkarosserien und Prototypen für Alfa Romeo und Lancia. Ein zweites Standbein waren Werbefahrzeuge. Boneschi produzierte 1957 eine Serie von Kombis auf der Basis

des Alfa Romeo Giulietta. Höhepunkt der eigenen Entwicklungen waren die Designs von Rodolfo Bonetto für Modelle von Lancia, Alfa Romeo, Maserati und Ford zwischen 1960 und 1962. 1962 wurde die Firma an den LKW-Hersteller Savio, der zur Fiat-Gruppe gehörte, verkauft.

Carrozzeria Boneschi
1919–1962

Alfa Romeo
Lancia

Lancia Flaminia Amalfi, 1962. Design Rodolfo Bonetto

OSCA 1600 GT, 1963. Design Rodolfo Bonetto

Bonetto wurde in Mailand geboren und wurde nach der Schule professioneller Jazz-Schlagzeuger. Zum Design kam er über seinen Onkel Felice Bonetto, einen Rennfahrer, für den er erste Karosserieentwürfe machte und durch den er Pininfarina kennenlernte. Von 1951 bis circa 1957 arbeitete Bonetto dort. 1958 gründete er sein eigenes Studio Bonetto und entwarf Armaturen für den Autozulieferer Veglia, Elektrogeräte und Möbel. In Zusam-

menarbeit mit den Carrozzerie Viotti, Vignale und Boneschi entstanden zwischen 1958 und 1964 einige Prototypen bzw. Spezialkarosserien. Von 1961 bis 1965 war Bonetto Dozent für Industrial Design an der Hochschule für Gestaltung Ulm. Seit den 1970er Jahren war Bonettos Studio für Fiat im Bereich Interior Design tätig. Nach Bonettos Tod führte sein Sohn das Studio weiter.

Rodolfo Bonetto
1929–1991

Pininfarina
Eigenes Studio

OSCA 1600 GT, 1962 and 1963

B

Eugene Bordinat, Jr.
1920–1987

GM
Ford

Mercury Cougar
Ford Mustang
Ford Falcon

Bordinat kam 1939 zu General Motors und arbeitete am Styling für den 1940er LaSalle und am 1942er Chevrolet mit. Nach dem Kriegseinsatz kehrte er 1946 zu GM zurück. 1947 wechselte er zu Ford und durchlief verschiedene Stylingabteilungen. Nachdem George Walker 1955 Vice President of Styling bei Ford geworden war, machte dieser seine engsten

Mitarbeiter zu leitenden Chefdesignern. Erst nach Walkers Ausscheiden 1961 stieg Bordinat als altgedienter Ford-Designer zum Designchef auf. In dieser Position war er verantwortlich für legendäre Ford-Modelle wie Cougar, Mustang, Falcon, Pinto und Lincoln Town Car. Bordinat blieb Vice President for Design bis 1980.

Ford Mustang, 1965

Ford Falcon, 1963

Mercury Cougar, 1967

Michel Boué
1932–1971

Renault

R5

Michel Boué kam als Stylist zu Renault und arbeitete unter Designchef Gaston Juchet. 1968 skizzierte er einen Kleinwagen auf der Basis und als Nachfolger des Renault R4. Dieses Design

wurde fast unverändert übernommen, der Renault R5 war geboren. Es wurde eines der erfolgreichsten und langlebigsten Modelle der Marke Renault. Boué starb wenige Jahre später.

Boué am Clay-Modell des R5

Renault R5, 1972

Bourke studierte am Chicago Art Institute und begann 1935 als Designer beim Warenhaus Sears, Roebuck. 1940 wechselte er zu Studebaker, und 1944 zu Raymond Loewys Studio in South Bend, wo er mit Virgil Exner die berühmten Nachkriegs-Studebaker entwarf. Bourke übernahm Exners Position bei R.L.A. nach dessen Rauswurf. Zwischen 1949 und 1955 designte Bourke unter Mitwirkung von Randy Faurot und Holden „Bob" Koto den Studebaker Commander der Starliner-Serie. Nach der Fusion mit Packard 1955 wurde das Loewy-Team aufgelöst und Bourke machte sich als Designer in New York selbstständig.

Robert E. Bourke
1916–1996

R.L.A.
Studebaker

Studebaker Commander, 1955

Bouvot studierte Industriedesign in Lyon. Sein erster Arbeitgeber war der Motorradhersteller Terrot. Während des Zweiten Weltkriegs engagierte sich Bouvot in der Resistance, wurde verhaftet und 1944 nach Dachau deportiert, wo ihn die amerikanischen Truppen befreiten. Ab 1946 arbeitete er beim Traktorenhersteller Labourier und designte in seiner Freizeit ein Sportcoupé. Dieses fiel einem Peugeot-Manager auf, der Bouvot eine Stelle als Designer anbot. Bouvot baute die Designabteilung Style Peugeot auf, die er von 1960 bis 1980 leitete. Sein bekanntester Entwurf ist der Peugeot 204 von 1964.

Paul Bouvot
1922–2000

Peugeot

Peugeot 204

Peugeot 204, 1964

Boyer studierte an der Wiener Akademie der Bildenden Künste und ging Mitte der 1960er Jahre als Designer zu Ford Deutschland. 1978 wurde er von Claus Luthe zu BMW abgeworben. Boyer arbeitete an der BMW E36 3er-Serie und an der E38 7er-Serie als Leiter eines der BMW-Designstudios. Von 2002 bis 2007 war er Head of External Design bei BMW und für viele Patentanmeldungen verantwortlich.

Boyke Boyer
1942

Ford
BMW

BMW E36, E38

BMW 3er E36, 1990

B

Paul Bracq
1928

Mercedes-Benz
BMW
Peugeot

MB 600
MB 230 SL
MB 250/280
MB R113
BMW Turbo-Studie
BMW 5er-Reihe

Bracq begann seine Laufbahn 1953 bei dem Industrial Designer Philippe Charbonneaux. 1957 wechselte er als Grafiker zu Mercedes-Benz. Ende der 1950er Jahre wurde Bracq gemeinsam mit Bruno Sacco, der ein Jahr nach Bracq zu Mercedes gekommen war, unter dem Leiter der Hauptabteilung Stilistik, Karl Wilfert, Chefstylist für alle Mercedes-Personenwagen. Daraus resultierten der Mercedes 600, der 230 SL Pagode, die Flachkühler-Baureihe 250/280/300 und schließlich der „kleine Benz", die Baureihe 113 bzw. Strich-Acht. Nach den barock und ein wenig amerikanisch anmutenden Mercedes-Modellen der 1950er und frühen 1960er Jahren, war die neue Linie durch übersichtliche, glatte Flächen, eine niedrige Gürtellinie und dezente Chromapplikationen gekennzeichnet. 1967 wechselte Bracq zu Brissoneau & Lotz. Dort war er verantwortlicher Designer für den

ersten TGV-Hochgeschwindigkeitszug. Parallel gestaltete Bracq einen Prototypen auf Basis eines BMW 1600 Ti und ein Coupé, das auf dem Simca 1100 basierte. Durch beide Designs wurde man bei BMW auf ihn aufmerksam. Der damalige, neu einberufene BMW-Chef Bob Lutz plante, eine selbstständige Designabteilung einzurichten, die unabhängig von der Karosserieentwicklung Studien, Konzepte und Serienfahrzeuge erarbeiten sollte. 1970 wurde Bracq zum Design-Direktor von BMW ernannt. Sein erster Entwurf, die 1973 präsentierte Turbo-Studie, gewann einen Preis als bestes Concept Car. Bei BMW war Bracq verantwortlich für die erste 3er- und 5er-Serie und die großen Coupés bzw. Limousinen der Reihen 6 und 7. 1974 verließ er BMW und wurde Chef des Interior Designs bei Peugeot. Bracq galt als ein Meister des Renderings.

MB Baureihe 113, 1969

MB 230 SL „Pagoda", 1963

BMW Turbo-Studie, 1970

Brock begann 1954 mit dem Studium im Transportation Design Program am Pasadena Art Center College. 1957 wurde er dort von GM rekrutiert. Er arbeitete kurz unter Harley Earl und dessen Nachfolger Bill Mitchell am Chevrolet Corvette Stingray, verließ GM aber 1960, um sich dem Rennsport und der Fotografie zu widmen. Brock lernte Carol Shelby kennen und designte 1963 das Cobra Daytona Coupé. Daraus ergaben sich Aufträge für japanische Werksteams und der Aufbau diverser eigener Rennteams. Brock hat vor allem Rennwagen, aber auch Windgleiter entworfen und produziert.

Peter Brock
1936

GM
Eigenes Studio

Shelby Daytona Coupé

GM-Studie Cadet, 1960

Shelby Cobra Daytona Coupé, 1963

Brovarone arbeitete in den frühen 1950er Jahren als Illustrator für die argentinische Nachfolgefirma von Cisitalia, AutoAr PWO, und entwarf dort auch Karosserien. 1952 begann er als Stylist bei Pininfarina und zeichnete in den folgenden Jahrzehnten verantwortlich für einige Klassiker des Hauses wie den Maserati A6 GCS, den Ferrari 375MM Rosselini, den Alfa Romeo Superflow und den Ferrari 400 Superfast. Neben den Supersportwagen war Brovarone aber auch verantwortlich für einige Mittelklasse-Limousinen wie den Peugeot 504 und das Lancia Gamma Coupé. Von 1975 bis 1988 war er Entwurfsleiter bei Pininfarina, danach wechselte er in das Studio des ehemaligen Pininfarina-Kollegen Leonardo Fioravanti als freier Mitarbeiter. Mit Fioravanti designte er gemeinsam den Ferrari F40.

Aldo Brovarone
1926

Pininfarina

Maserati A6 GCS
Alfa Romeo Superflow
Ferrari 400 America Superfast
Peugeot 504
Lancia Gamma Coupé
Ferrari F40

Ferrari Superfast, 1963

Peugeot 504, 1968

B

Gordon Buehrig
1904–1990

GM
Auburn
Duesenberg
Cord
R.L.A.
Ford

Auburn Speedster
Duesenberg J Speedster
Cord 810
Studebaker Starliner
Lincoln Continental Mk 2

Buehrig machte eine Lehre als Karosseriebauer und studierte an der Bradley University. 1927 ging er zum Karosseriebauer Dietrich, dann zu Packard. 1929 arbeitet er kurz in der gerade gegründeten Designabteilung von General Motors, wechselte aber nach kurzer Zeit zum Hersteller Stutz und von dort zu Duesenberg, wo er Chefdesigner wurde. Der 1935 von Buehrig entworfene Auburn Speedster galt bis zum Erscheinen des Chevrolet Corvette als erster amerikanischer Sportwagen und rettete die Marke vor dem Untergang. Als Buehrigs Meis-terwerk gilt der Cord 810/812 von 1935, dessen Design oft kopiert und adaptiert wurde. Nach einem kurzen Aufenthalt beim Karosseriehersteller Budd wechselte Buehrig 1947 zu Raymond Loewys Firma R.L.A. und arbeitete an den berühmten Studebaker-Nachkriegsmodellen mit. 1950 wechselte er zu Ford, wo sein wichtigster Designbeitrag der 1956er Lincoln Continental Mk 2 wurde. 1965 verließ Buehrig Ford und lehrte noch einige Jahre Design am Art Center College of Design in Pasadena.

Cord 810 Sedan, 1935

Lincoln Continental Mk 2, 1956

Jean Bugatti
1909–1939

Bugatti

Type 41, Type 57
Atalante, Ventoux

Im Alter von 23 Jahren zeichnete Jean Bugatti die Form für den Type 41 Royale, den sein Vater Ettore Bugatti konstruiert hatte. Es folgten Designs für die Modelle Type 57, Ventoux, Stelvio und Atalante. Während einer Testfahrt im Type 57 1939 kam Bugatti von der Straße ab und verunglückte tödlich.

Bugatti Ventoux, 1938

Ricardo Burzi
(?)

Austin

Austin Princess
Austin Cambridge
Austin A90
Riley Elf

Der gebürtige Argentinier Ricardo „Dick" Burzi war Comiczeichner für italienische Zeitungen und arbeitete parallel für Vincenzo Lancia als Illustrator. Dieser empfahl Burzi Ende der 1920er Jahre nach England an Herbert Austin. 1938 wurde Burzi mit dem Entwurf des Modells 16 Head of Design in Longbridge. Bei Austin war Burzi für nahezu alle Fahrzeuge bis in die 1950er Jahre verantwortlich, u. a. die Modelle A40, Atlantic und A90. 1961 wurde nach Burzis Design eine Stu-fenheckversion des Morris Mini aufgelegt, die innerhalb des BMC-Konzerns als Riley Elf firmierte.

Austin A90, 1949

Robert Cadwallader wurde nach dem Weggang von Ray Dietrich 1942 Chryslers Designchef. Bedingt durch die fehlenden Designaufgaben während des Krieges wechselte Cadwallader 1944 zu General Motors. 1947 wurde er Designchef von Kaiser-Frazer; sein Assistent dort war Duncan McRae. Nach der Schließung von Kaiser 1955 wandte sich Cadwallader dem Design-Management zu und wurde 1967 Head of Marketing beim Möbelhersteller Knoll.

Robert Cadwallader
1913–(?)

Chrysler/DeSoto
GM
Kaiser-Frazer

Chrysler DeSoto, 1942

Richard David Caleal war Sohn libanesischer Einwanderer und ein begeisterter Zeichner. Er machte eine Ausbildung als Schauwerbegestalter. Seine Schaufensterdesigns erregten die Aufmerksamkeit eines Oldsmobile-Managers. Caleal ging als Trainee zur GM Styling Divison. Danach arbeitete er bei Hudson, REO, Packard und Studebaker. 1941 wechselte Caleal zu Raymond Loewys Designteam in South Bend. Durch die Feindschaft des damaligen Studebaker Designchefs Virgil Exner mit seinem Ex-Arbeitgeber Loewy kam es 1944 zu massiven Entlassungen in Loewys Studebaker-Team, was auch Caleal betraf. Er bewarb sich bei George Walker, der für Ford einen Konkurrenzentwurf für das 1949er Modell liefern sollte. Walker beauftragte Caleal mit einem Entwurf, den dieser zu Hause am Küchentisch mit der Hilfe von Holden Koto in Ton realisierte. Dieses Modell wurde später von Elwood Engel und Joe Oros überarbeitet und gewann den internen Wettbewerb. Es wurde eines von Fords erfolgreichsten Modellen. Nach seiner Zeit bei Ford arbeitete Caleal noch einige Jahre bei Chrysler.

Richard D. Caleal
1912–2006

Studebaker
R.L.A.
Ford
Chrysler

'49er Ford

1949er Ford

Pietro Castagnero war von 1960 bis etwa 1980 Chefdesigner bei Lancia, um der Marke ein eigenständiges Gesicht jenseits der sportlichen Sonderkarosserien von Pininfarina, Bertone und Zagato zu geben. Seine erste Arbeit war das Modell Flavia von 1960. Das bekannteste Design Castagneros ist die filigrane Lancia Fulvia von 1963. Für die Beta-Serie, an der vier Studios arbeiteten (Bertone, Pininfarina, Centro Stile Fiat, Centro Stile Lancia), entwarf Castagnero das Shooting Brake HPE.

Pietro Castagnero
(?)

Lancia

Fulvia
Flavia
Beta HPE

Lancia Fulvia, 1965

C

Ernesto Cattoni
1936

Alfa Romeo

AR Giulia
AR Alfasud

Der aus Mailand stammende Cattoni studierte in Lausanne an der Kunsthochschule. Ab 1957 war er in der Karosserientwicklung bei Alfa Romeo zuerst unter Scarnati, dann unter Cressoni bis 1980 als Designer tätig. Parallel arbeitete Cattoni als Cartoonist und Illustrator vieler Kinderbücher.

Alfa Romeo Giulia, 1964

Philippe Charbonneaux
1917–1998

GM
Eigenes Studio
Renault
Delahaye

Renault R8
Renault R16
Renault R21

Charbonneaux begann seine Laufbahn 1939 beim Karosseriebauer Figoni & Falaschi in Paris. Nach dem Krieg versuchte er, sich auf dem Automobil-Salon von 1948 mit Entwürfen für Delahaye und Salmson zu profilieren. Ein Mitarbeiter von Harley Earl warb ihn dort für das GM Styling Department an. 1949 ging Charbonneaux für ein halbes Jahr nach Detroit zu GM, um am „Project Opel" zu arbeiten, aus dem später der erste Chevrolet Corvette wurde. Enttäuscht davon, dass er bei GM nur an Details, aber nie am großen Ganzen arbeiten konnte, und davon, dass seine Entwürfe von anderen weiter verwendet wurden, kehrte er nach Paris zurück und eröffnete sein eigenes Designbüro. Mit dem Design von Möbeln und Elektrogeräten, LKWs und Autos wurde Charbonneaux zu einem der erfolgreichsten Industriedesigner

Frankreichs. 1960 wurde er vom Renault-Chef Dreyfuss auf ein Redesign des Renault Dauphine angesprochen. Innerhalb weniger Wochen entwickelte Charbonneaux Ideen für den neuen Renault 8. Er wurde Designchef der neuen Abteilung Style Renault. Gaston Juchet wurde sein engster Mitarbeiter. Meinungsverschiedenheiten mit der Firmenleitung führten Ende 1963 zum Ausscheiden von Charbonneaux. Zu diesem Zeitpunkt war der revolutionäre Renault 16, die erste Schräghecklimousine Europas, bereits in der Produktionsvorbereitung – ebenfalls ein Ergebnis der Kollaboration von Charbonneaux und Juchet. 1985 kehrte er zu Renault für die Arbeit am Design des Renault 21 zurück. Charbonneaux war ein leidenschaftlicher Sammler und hat 150 Autos im von ihm gegründeten Automobilmuseum Reims zusammengetragen.

Renault R8, 1960

Werbefahrzeug für Pathé, 1959

Renault 21, 1985

Wayne Cherry
1937

GM
Vauxhall/Opel

Opel Monza
Opel Manta 2
Cadillac
Hummer
Pontiac

Ende der 1950er Jahre studierte Wayne Cherry Industrial Design am Art Center College of Design in Pasadena. 1962 begann seine Karriere als Designer im Advanced Studio von GM. Seine ersten Projekte waren Arbeiten am Oldsmobile Toronado und Chevrolet Camaro. 1965 wechselte Cherry zu Vauxhall nach England, um dort die Designabteilung neu zu organisieren. 1970 wurde er Assistant Design Director, 1975 Director. In diese Zeit fielen die sogenannten „droop snoot"-Fronten als Designmerkmal der neuen Vauxhalls. 1983 wurden die Designaktivitäten von Opel und Vauxhall koordiniert und Cherry wurde Designchef für die europäischen GM-Marken. Er entwickelte das „Junior"-Konzept, aus dem der sehr erfolgreiche Opel/Vauxhall Corsa hervorging, außerdem begleitete er die Entwicklung der neuen Generation von Vectra, Astra, Omega und Calibra zwischen 1986 und 1996. Nach den Jahren in Europa kehrte Cherry 1991 nach Detroit zurück und wurde ein Jahr später der vierte Vice President of Design bei GM. In den folgenden Jahren strukturierte er das GM-Design um: Aus 27 separaten Studios formte er acht Markendesign-Studios und ein GM Brand Center. Er war verantwortlich für den neuen Design- und Markenauftritt nahezu aller GM-Marken, vor allem für das kantige Design von Cadillac, Hummer und Pontiac, das mit einer Reihe von Show- und Concept Cars vorgestellt wurde – eine GM-Tradition, die in den Jahren vorher vernachlässigt worden war. 2004 ging Cherry in den Ruhestand.

Vauxhall Designstudio, 1972

Vauxhall „droop snoot", 1975

Pontiac Aztec, 2004

Opel Corsa A, 1982

C

Sergio Coggiola
1930–1991

Ghia
Eigenes Studio

Saab Sonett III

Sergio Coggiolas erste Station war ab 1952 die Carrozzeria Ghia, in der er die Vergrößerung der Modelle auf 1:1 und die anschließende Montage der Chrysler-Prototypen managte. 1966 machte sich Coggiola mit einem Studio selbstständig. 1969 begann die

Zusammenarbeit mit Saab, aus der das Design des Saab Sonett III resultierte. In den 1970er Jahren arbeitete er mit Volvo (262C), Lancia und Pontiac zusammen, in den 1980er Jahren mit Renault (Studie Megane).

Saab Sonett III, 1970

Luigi Colani
1928

Eigenes Studio

Colani GT
Experimentalfahrzeuge

Colani studierte ab 1946 Bildhauerei und Malerei an der HdK Berlin, ab 1952 Aerodynamik an der Pariser Sorbonne. Nach einem Abstecher beim Flugzeughersteller McDonnel-Douglas wandte sich Colani in den späten 1950er Jahren automobilen Fiberglas- und Kunststoffkarosserien zu und entwarf für Rometsch in Berlin und Deutsch & Bonnet in Paris. Es folgten viele Prototypen für sportliche

Zweisitzer, Motorräder, LKWs, Boote, Flugzeuge. Wirtschaftlich erfolgreich wurde Colani vor allem als Designer für Möbel, Einrichtungsgegenstände und Büromaschinen. Seine biomorphe bzw. bionische Formensprache war im Automobildesign der 1970er und 1980er Jahre noch nicht gefragt; sein Einfluss vor allem auf asiatische Designer wurde erst in den 1990er Jahren spürbar.

Colani GT, 1960

Colani Hybrid-Auto, 1970

Michael Conrad
1940

Autonova
Delta Design

Autonova Fam
Delta GT

Michael Conrad studierte an der Hochschule für Gestaltung/HfG Ulm Industriedesign; noch während des Studiums konzipierte er 1964 mit Pietro Manzoni und Henner Werner die Marke Autonova, die einen GT und den Van Autonova Fam auf der IAA vorstellte. 1967 gründete Conrad mit Partnern in Stuttgart das Design- und Entwicklungsbüro Delta-Design, das 1967 den Mittelmotor-Sportwagen „Delta" auf NSU-TT-Basis in Hartschaum-Sandwichbauweise präsentierte. Conrad lehrte an der Hochschule Pforzheim Industriedesign.

Autonova Fam, 1965

Autonova GT, 1964

Jacques Coune
1924–2012

Carrosserie Coune

Der belgische Karossier gründete seinen Betrieb Mitte der 1950er Jahre in Brüssel. Coune hatte gute Beziehungen nach Italien, wurde Importeur von ISO und der erste europäische Importeur von Abarth. Seine Mitarbeiter waren hauptsächlich Karosseriebauer aus Norditalien, zeitweise beschäftigte Coune 20 Blechspezialisten. Coune baute nach Kundenwünschen Serienmodelle in Kombis, Shooting Brakes, Coupés und Cabriolets um, wie die MGB Berline, Kombis für BMW, Mercedes und Peugeot oder ein Volvo-Cabriolet auf Amazone-Basis.

MGB Gemini Spyder, 1966

Mercedes-Benz 220 SE Estate

C

Ermanno Cressoni
1939–2005

Alfa Romeo
Fiat

Alfa Romeo Alfetta
Alfa Romeo Giulietta
Alfa Romeo 33, 75, 145
Fiat Coupé
Fiat Barchetta
Fiat Bravo

Cressoni hatte Architektur studiert und war seit 1975 Chefdesigner bei Alfa Romeo. Dort verantwortete er die kantigen Designs der 1970er und 1980er Jahre wie den Alfetta von 1977 und den Typ 33. Nachdem Fiat Alfa Romeo 1986 übernommen hatte, wurde Cressoni Designchef des Centro Stile Fiat

und initiierte dort wichtige Modelle für beide Marken, für Fiat das Coupé, die Barchetta, den Cinquecento und den Bravo. 1990 wurde das Centro Stile Alfa Romeo gegründet. Unter Cressoni arbeiteten so bekannte Designer wie Chris Bangle, Walter de' Silva und Andreas Zapatinas.

Alfa Romeo Alfetta, 1975

Alfa Romeo 33, 1980

Wesley P. Dahlberg
1918–(?)

Ford

Ford Taunus 17M P2
Ford Taunus 17M P3
Ford Anglia 101
Ford Falcon
Ford Pinto

Wesley P. Dahlberg, Sohn schwedischer Einwanderer, begann in den 1940er Jahren als Designer bei Ford. 1956 übernahm er die Leitung des neu gegründeten Canadian, International and Tractor Styling Studio in Dearborn. Dahlberg hatte dort am Ford Taunus P2 und Ford Anglia mitgearbeitet und war maßgeblich am Entwurf des ersten, 1959 vorgestellten Ford Falcon beteiligt. 1957/58 ging er nach Europa, um

für Ford in Köln und in Dagenham die Designabteilungen neu auszurichten. Dort entwickelte er die Studie „Monaco" gemeinsam mit dem Studioleiter Uwe Bahnsen zur berühmten „Linie der Vernunft", dem Modell 17M/P3, weiter. Dahlberg kehrte 1967 in die Konzernzentrale zurück und betreute sowohl die Entwicklung des Ford Pinto wie die des Lincoln Continental Mark IV, bevor er 1973 in den Ruhestand wechselte.

Ford Falcon Sedan, 1961

Taunus 17M Turnier, 1961

Damsels of Design
1955–1961

GM

„Damsels of Design" war das pressewirksame Etikett der von Harley Earl um 1955/56 eingerichteten ersten rein weiblichen Designabteilung bei GM. Die Designerinnen Suzanne Vanderbilt, Marjorie Ford, Ruth Glennie, Sandra Longyear, Peggy Sauer und Jeanette Linder hatten fast alle am Pratt Institute in New York Design studiert und arbeiteten neben dem Interior Design in verschiedenen GM-Studios auch für Household Appliances der GM-Tochter Frigidaire. 1958 wurde eine GM-interne Ausstellung produziert, die „Feminine Auto Show". Jede der sechs Designerinnen gestaltete ein bis zwei Serienmodelle nach ihren Vorstellungen um. Die Show war für GM-Händler konzipiert, um Ausstattungsvarianten, Farben und Materialien zu testen. Earls Nachfolger Bill Mitchell löste die Abteilung zwei Jahre nach seinem Amtsantritt 1961 auf, weil nach seiner Meinung Autos nur von Männern designt werden sollten. Von den sechs Designerinnen blieb nur Suzanne Vanderbilt bei GM.

Harley Earl und die „Damsels", 1957

Publicity-Aufnahme aus dem Studio

Howard Darrin
1897–1992

Hibbard & Darrin
Packard
Kaiser-Frazer

Packard Clipper
Kaiser Manhattan

Darrin machte eine Elektrotechnikerausbildung beim amerikanischen Unternehmen Westinghouse. Im Ersten Weltkrieg diente er als Aufklärungsflieger in Frankreich; nach Kriegsende gründete er in den USA eine regionale Flugline, die er 1921 verkaufte, um nach Europa zurückzukehren. In Paris lernte er Thomas L. Hibbard kennen, mit dem er zunächst eine Vertretung für die belgische Marke Minerva betrieb und 1923 ein Karosserie- und Stylingstudio für exklusive Automobile eröffnete, Hibbard & Darrin. Zeitweise waren dort 200 Mitarbeiter beschäftigt; die Firma hatte ein eigenes Verfahren zur Bearbeitung von besonders dünnem, leichtem Aluminium entwickelt. Darrins Partner Hibbard wechselte 1930 zu GM Design; Darrin nahm daraufhin einen argentinischen Investor in die Firma und gewann zahlreiche Auszeichnungen für seine Kreationen. Doch der Niedergang der automobilen

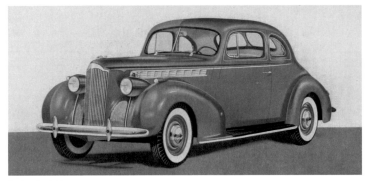

Packard, 1940

D

Howard Darrin
Fortsetzung

Hibbard & Darrin
Packard
Kaiser-Frazer

Packard Clipper
Kaiser Manhattan

Einzelanfertigungen in Europa war nicht aufzuhalten. 1937 baute Darrin in Los Angeles eine neue Firma auf, Darrin of Paris, die vor allem Hollywood-Stars mit automobilen Einzelanfertigungen bediente. Technische Basis vieler Darrin-Designs waren Modelle der Marke Packard, was ihm einen Beratervertrag mit diesem Hersteller einbrachte. Gemeinsam mit Werner Gubitz, dem Designchef von Packard, entwickelte Darrin den sehr erfolgreichen Packard Clipper. Während des Zweiten Weltkriegs arbeitete er als Fluglehrer. Nach dem Krieg gründete er die Darrin Motor Car Company, die einen von ihm designten Fiberglas-Sportwagen produzieren wollte, allerdings fand nie eine Serienfertigung statt. Darrin wurde Designberater der Marke Kaiser-Frazer und entwarf nahezu alle Modelle zwischen 1950 und 1952, darunter den legendären Kaiser Manhattan, dessen Knick im hinteren Seitenfenster häufig kopiert wurde (beim sog. „Hofmeister-Knick" von BMW; auch bei Bertone). Der Kaiser-Darrin Sportwagen wurde jedoch ein Fiasko; Kaiser geriet wegen seiner Modellpolitik in Schieflage und konzentrierte sich ab 1955 auf Nutzfahrzeuge. 1965 wurde Darrin von der Syracuse University zu einem der fünfzehn einflussreichsten Designer des 20. Jahrhunderts gewählt.

Kaiser Manhattan, 1952

Panhard-Dyna Roadster, 1953

Franklin DeCausse
1879–1928

Locomobile
Franklin

DeCausse begann als Karosserie-bauer bei dem berühmten Pariser Carrossier Georges Kellner. Die amerikanische Firma Locomobile wurde auf ihn aufmerksam und machte DeCausse 1914 das Angebot, Chef der Locomobile-Sonderkarosserie-abteilung zu werden. 1916 entwarf er den ersten Doppel-Phaeton mit separierten Compartments für Locomobile. Das Locomobile Model 48 von 1917 war das erste Auto, das „aus einem Guss" von einem Designer gestaltet worden war. Mit dem Niedergang von Locomobile verließ DeCausse die Firma 1921 und machte sich selbstständig. 1923 wurde er Designberater der Marke Franklin, die nach Protesten der kalifornischen Franklin-Händler eine neue Designlinie für ihre Modelle benötigte. DeCausse designte die neue Serie 11 aus dem Jahr 1925. Der bisherige Chefdesigner John Wilkinson kündigte, DeCausse wurde sein Nachfolger. Franklin entwickelte sich zu einer stilbildenden Marke im Bereich Sonderkarosserien. Bei einem Besuch der europäischen Automobilsalons 1926 wurde bei DeCausse Kehlkopfkrebs diagnostiziert. DeCausse wurde noch in Paris operiert, doch er erkrankte im folgenden Jahr an Lungenentzündung. 1928 starb DeCausse im Alter von 48 Jahren.

Locomobile 48, 1917

Ab 1931 war Delaisse Chefstylist bei Letourneur & Marchand in Paris und verantwortlich für die eleganten Stromliniencoupés und Sonderanfertigungen der Marken Talbot-Lago und Delahaye. Nach dem Ende von Letourneur ging er zu Chapron und designte einige Talbot-Lago-Modelle (T14, T26), außerdem den Delahaye 235 Chapron und das Renault Fregatte Cabrio von 1953. In den 1950er Jahren entwarf er Sonderkarosserien für den LKW-Produzenten Heuliez und für Hotchkiss-Grégoire 1958 ein Cabriolet mit Frontantrieb.

Salmson 2300 S, 1953

Hotchkiss Grégoire Sport, 1958

Carlo Delaisse
(?)

Letourneur & Marchand
Chapron

Talbot-Lago T14
Delahaye 235
Salmson
Hotchkiss Grégoire

D

Marc Deschamps
1944

Ligier
Peugeot
Bertone
Coggiola
Heuliez

Renault R5 Turbo
Citroën XM

Deschamps lernte nach dem Abitur den Chefdesigner von Style Peugeot, Paul Bouvot, kennen, der ihn zwei Jahre lang ausbildete. Danach wechselte Deschamps zu Ligier, wo er bis zur Schließung der Automobilproduktion 1975 blieb. Robert Opron, der als Designchef zu Renault gewechselt war, stellte Deschamps 1976 ein. Nach einer kurzen Zeit bei Style Peugeot ging Deschamps als exter-

ner Peugeot-Designer zu Bertone und übernahm 1980 den Chefdesigner-Posten von Marcello Gandini. Anfang der 1990er Jahre ging Deschamps zu Coggiola. Nach dessen Tod 1992 gründete Deschamps mit ehemaligen Coggiola-Mitarbeitern und dem französischen Fahrzeughersteller Heuliez das Studio Heuliez Torino, wo Prototypen und Showcars entwickelt wurden. 2001 schloss auch dieses Studio.

Citroën XM, 1988

Charles Deutsch
1911–1980

DB
SERA

Panhard CD
Porsche 917-20

1938 gründete Deutsch mit René Bonnet das Unternehmen DB, das nach 1945 Straßen- und Rennfahrzeuge mit GFK-Karosserien auf Panhard-Technik baute. Deutsch war ausgebildeter Aerodynamiker und zunächst im Staatsdienst tätig. Die kleinen, leichten und aerodynamisch ausgefeilten DBs konnten trotz schwacher Motorisierung regelmäßig in Le Mans Klassensiege einfahren. 1961 trennten sich Deutsch und Bonnet, Deutsch gründete das Unternehmen SERA, das sich u. a. der Aerodynamikforschung für Automobile widmete. Zahlreiche Rennwagen von Peugeot,

Panhard und Matra wurden mithilfe von SERA aerodynamisch optimiert. Porsche ließ den Typ 917 von Anfang an bei Deutsch optimieren; für die 24 Stunden von Le Mans 1971 baute SERA eine eigene Karosserievariante, den wegen seiner Lackierung legendären Typ 917-20 „Sau".

Porsche 917-20, 1971

Panhard CD, 1963

Dienst machte nach dem Krieg eine Ausbildung als technischer Zeichner bei der Adam Opel AG in Rüsselsheim. Im Anschluss studierte er an der Werkkunstschule Wiesbaden Grafik und Illustration. 1955 wurde er Stylist bei Auto-Union/DKW in Düsseldorf, später bei Audi in Ingolstadt. 1958 entwarf er den sehr eng an den ersten Ford Thunderbird angelehnten DKW 1000 Sp. Zu seinen bekannten

Designs gehören die DKW-Modelle Junior, F12 und F102. Dienst illustrierte viele Titel der in Deutschland sehr erfolgreichen „Perry Rhodan"-Hefte.

Josef Dienst
1928

DKW, Auto-Union

DKW 1000, DKW Junior, DKW F12, DKW F102

DKW F102, 1962

DKW 1000 Sp, 1958

Dietel absolvierte eine Ausbildung zum Maschinenschlosser und studierte anschließend bis 1956 an der Ingenieurschule für Kraftfahrzeugbau Zwickau. Danach schrieb er sich für Produktgestaltung an der Kunsthochschule Berlin-Weißensee ein. Von 1961 bis 1963 arbeitete Dietel als Formgestalter im Zentrum Entwicklung und Konstruktion für den Fahrzeugbau Karl-Marx-Stadt, danach als freier Industriedesigner. Bei Sachsenring

Automobilwerke war Dietel verantwortlich für das Design des Wartburg 353 und mehrerer Trabant-Nachfolger, die das Modell- oder Prototypenstadium allerdings nie verließen. Von 1967 bis 1975 unterrichtete er an der Hochschule für industrielle Formgestaltung Burg Giebichenstein, danach an der Fachschule für angewandte Kunst in Schneeberg, deren Direktor er von 1986 bis 1990 war.

Karl Clauss Dietel
1934

Sachsenring

Wartburg 353
Trabant-Nachfolger

Wartburg 353, 1966

D

Raymond H. Dietrich
1894–1980

LeBaron
Lincoln
Packard
Pierce-Arrow
Chrysler
Checker

1913 begann Dietrich eine Ausbildung als Entwurfszeichner beim Karosserieunternehmen Brewster. 1919 wurde Thomas L. Hibbard sein Kollege. Beide waren unzufrieden mit der Position, die die Entwerfer gegenüber den ausführenden Handwerkern und Konstrukteuren hatten. Als sie die Firmenleitung darauf ansprachen, wurden beide gefeuert. 1920 machten sich Dietrich und Hibbard am Columbus Circle in New York mit der Firma LeBaron Carrossiers selbstständig. LeBaron bot wohlhabenden Kunden nicht weniger als „automobile Architektur" an. Das bedeutete, dass LeBaron das Design und die Konstruktionszeichnungen lieferte, der Kunde konnte seinen Wagen im Anschluss bei jeder beliebigen Karosseriewerkstatt bauen lassen. Das machte Dietrich und Hibbard zu den ersten Automobildesignern im modernen Sinn, bei denen Entwurf und Ausführung getrennt waren. Sie hatten auf Anhieb Erfolg; vor allem Hollywoodstars wie Gloria Swanson, Rudolph Valentino oder Florenz Ziegfeld orderten LeBaron Coachwork. Als 1923 Dietrich und Hibbard ihr Geschäft in Europa promo-

teten, beschloss Hibbard, in Frankreich zu bleiben, und verließ LeBaron, um mit Howard „Dutch" Darrin die Firma Hibbard & Darrin zu gründen, die ebenfalls auf Anhieb erfolgreich war. Dietrich geriet als Designer ohne Fabrik unter Druck; er kooperierte mit der Bridgeport Body Company. Die neue Firma hieß LeBaron, Inc. Dietrich entwickelte eine eigene Stilistik in den Designs, die in ihrer Durchgängigkeit erst Jahre später bei GM erreicht wurde. Edsel Ford half Dietrich 1925, sich ohne LeBaron selbstständig zu machen und Katalog-Designs vor allem für die Ford Luxusmarke Lincoln zu entwerfen. Dietrich arbeitete aber auch für Packard, Chrysler Imperial, Franklin und Pierce-Arrow. Die Weltwirtschaftskrise machte der Firma ein Ende. 1932 bot ihm Walter P. Chrysler einen Designerposten an, doch mit Chryslers Tod 1940 verlor Dietrich dort seinen Job. Danach arbeitete Dietrich als selbstständiger Designer und Berater für Checker, Lincoln und Mercury. In den frühen 1950er Jahren entwarf er den Paradewagen für die Präsidenten Truman und Eisenhower. 1969 zog er sich aus dem Business zurück.

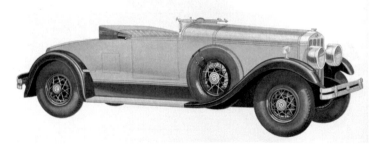

Franklin Runabout, 1928

Checker Cab A2, 1949

Plymouth, 1939

Dryden brachte sich das Zeichnen selbst bei und besuchte nur einige Kurse an einer Kunstschule in Pennsylvania. 1909 zog sie nach New York, um Modezeichnerin zu werden. Nachdem sie zunächst bei Vogue abgelehnt worden war, brachte ihr ein plötzlicher Managementwechsel den ersehnten Vertrag. Dryden arbeitete von 1909 bis 1922 für die Zeitschrift. Zusätzlich machte sie sich einen Namen als Kostümbildnerin am Broadway. Nach der epochalen Art Déco-Ausstellung in Paris 1925

wandte sich Dryden dem Produktdesign zu. Sie entwarf Sanitärprodukte, Leuchten und Haushaltswaren. 1928 galt sie als bestbezahlte Designerin in der amerikanischen Industrie. Von 1934 an arbeitete Dryden für Studebaker, vor allem im Interior Design; beim Studebaker President von 1936 hat Dryden möglicherweise auch beim Exterior Design mitgearbeitet. Dryden arbeitete bis 1940 für Raymond Loewys Büro R.L.A. Nach 1945 konnte sie nie mehr an ihren früheren Erfolg anknüpfen.

Helen Dryden
1887–1972

Studebaker

Studebaker President

Studebaker President, 1940

Harley Earl war nicht nur einer der erfolgreichsten Automobildesigner der ersten Hälfte des 20. Jahrhunderts, sondern auch der Vorreiter des Designmanagements und des Konzepts der Markenbildung durch Design. Seine Arbeit bei General Motors von 1927 bis 1958 hat das Industrial Design und das Automotive Design erst zu

den Faktoren im Produktionsprozess gemacht, die heute selbstverständlich und erfolgsentscheidend sind. Harley Earl wurde in Hollywood als Sohn des Karosseriebauers J. W. Earl geboren. Die väterliche Firma, 1889 gegründet, wurde 1908 in einen Betrieb für Automobilkarosserien umgewandelt, nachdem man vor-

Harley Earl
1893–1969

General Motors

Cadillac LaSalle 1927
Buick Y-Job 1939
Buick LeSabre 1950
Chevrolet Corvette
Firebird I–III

Harley Earl at the Wheel of the LaSalle, 1927

Harley Earl
Fortsetzung

General Motors

her Kutschaufbauten gefertigt hatte. Harley Earl begann ein Studium an der Stanford University, wechselte aber nach kurzer Zeit als Entwerfer in das Familienunternehmen. Die Firma baute Spezialkarosserien für Filmstars und -produzenten. 1919 kaufte der Cadillac-Händler Don Lee die Firma, Harley Earl wurde Chefstylist. 1922 besuchte der Direktor von Cadillac, Lawrence P. Fisher, die Cadillac-Vertretung von Lee und den dazu gehörenden Karosseriebetrieb und lernte Earl kennen. Earl arbeitete damals schon mit Ton als Modelliermasse für maßstäbliche Modelle und 1:1-Mock-ups, was Fisher sehr beeindruckte. Fisher beauftragte Earl mit dem Design für das 1927er Cadillac LaSalle Coupé. Der Erfolg brachte Earl eine Einladung nach Detroit ein, wo er im Auftrag von GM-Boss Alfred P. Sloan eine Entwurfsabteilung, die später legendär gewordene „Art and Colour Section",

Buick Y-Job, 1939

aufbaute. Es war die erste industrielle Designabteilung in einem Großkonzern, die planmäßig die Konzeption, Gestaltung und Produktion von Automobilen verantwortete. Designer waren bis dahin nur für Kleinserien und Spezialaufträge engagiert worden. Zudem wurden die meisten Karosserien von speziellen Zulieferern gefertigt und auch dort entworfen. Bei den Ingenieuren und Finanzleuten von GM hatte Earl zunächst einen schweren Stand. Die Entwurfsabteilung wurde abschätzig „Schönheitssalon" – Beauty Parlor – genannt. 1937 wurde die Art and Colour Section in „Styling Division" umbenannt und Sloan beförderte Earl in den Rang eines Vizepräsidenten von GM. Damit hatte er bei allen Entscheidungen über neue Produkte das letzte Wort. Sloan und Earl entwickelten das Konzept der eingeschränkten Nutzungsdauer („planned obsolesence") durch einen jährlichen Modellwechsel mit kleinen Änderungen und etablierten eine Markenhierarchie innerhalb des GM-Konzerns mit klaren Designmerkmalen. Earl führte außerdem Studios für Advanced Design ein, die futuristische Designs und Mobilitätskonzepte erarbeiten sollten. 1939 baute GM-Styling unter Earls Federführung das erste Concept Car der Welt, den Buick Y-Job. Der Wagen

Buick LeSabre, 1950

sollte eine Vision der Zukunft des Automobils sein und die Reaktion der Kunden auf das neue Design mit Streamline- und Pontonelementen testen. Nachdem in den Kriegsjahren die Produktion neuer Modelle zum Erliegen gekommen war, ging es ab 1947 mit einem neuen Designstil weiter. Der GM-Designer Frank Hershey hatte, inspiriert durch einen Lockheed-Jet, für die Cadillac-Modelle des Jahres 1948 die ersten Heckflossen entworfen. Diese Flossen wurden bis 1959 immer größer und determinierten das Styling amerikanischer Automobile, aber auch anderer Produkte. Sie wurden ein Teil der amerikanischen Popkultur. 1953 präsentierte Earl den ersten amerikanischen Sportwagen, die Corvette, als Antwort auf die europäischen Importe. 1956 installierte er ein rein weibliches Designteam, weil er sicher war, dass die Entscheidung zum Kauf eines Autos von Frauen auf Basis von Interior-Design-Attributen maßgeblich beeinflusst wurde. 1958 verabschiedete sich Earl mit 65 Jahren in den Ruhestand. Die Designneuerungen des Jahrgangs 1959/60, die mit einer nüchternen, kantigen Formensprache eine neue Ära im Automobildesign einleiteten, hatte er nicht gutgeheißen.

Firebird III, 1958

Enever begann 1927 in der Erprobungsabteilung bei MG in Abingdon. 1938 wurde er Leitender Ingenieur, 1954 schließlich Entwicklungsleiter. In dieser Position war er für die Entwicklung der Sportwagen MGA und MGB verantwortlich, auch für ihre Karosserieform (die Dachpartie des späteren MGB Coupé wurde von Pininfarina entworfen).

Syd Enever
1906–1993

MG

MGA
MGB

MGA, 1960

MGB, 1965

E

Elwood Engel
1917–1986

Ford
Chrysler

Ford Thunderbird '55
Lincoln Continental '61
Chrysler Turbine Car
Dodge Charger

Elwood P. Engel lernte den Stylisten-beruf ab 1939 im Orientation Studio von General Motors, bis er im Zweiten Weltkrieg für vier Jahre als Kartenzeichner bei der US-Armee diente. Sein Freund Joe Oros empfahl ihn an George Walker, der Engel für sein Designstudio verpflichtete. Bei Walker entwarf Engel Landmaschinen, Haushaltsgeräte und Schuhe. Walkers Studio hatte für Ford bereits Komponenten entworfen und durfte einen Komplettentwurf für das '49er-Modell präsentieren, das von Dick Caleal, Engel und Oros designt wurde und in Produktion ging. Als Walker 1955 Designchef von Ford wurde, stieg Engel zum Studioleiter für Lincoln und Mercury auf. Den internen Wettbewerb um den 1958er Thunderbird gewann zwar Oros, aber Engel durfte seinen Entwurf weiterführen und einen Viertürer daraus machen: Die Geburt des berühmten 1961er Lincoln Continental, für den er den wichtigsten ameri-kanischen Designpreis gewann und nebenbei die Marke Lincoln rettete. Als Walker 1961 in den Ruhestand ging, wurde Eugene Bordinat sein Nachfolger. Engel trat im November 1961 die Nachfolge von Virgil Exner als Chryslers Designchef an. Engel legte, wie bei Ford üblich, die Design- und die Modellierabteilung zusammen, um den Entwurfsprozess besser abstimmen zu können. Sein erstes großes Projekt war der Turbinenwagen, der in Zusammenarbeit mit Bill Mashigan und Luigi Segre entstand. Engel machte Schluss mit dem teilweise überambitionierten Design von Exner und führte ein klares, die Linien betonendes Design ein. In seine Verantwortung fielen neben den Chrysler-Limousinen auch die Muscle Cars Dodge Charger und Plymouth Barracuda. Zeitgenossen beschrieben Engel als Teamplayer und Talentförderer. 1973 ging er in den Ruhestand, Nachfolger wurde Dick Macadam.

Lincoln Continental, 1961

Plymouth Barracuda, 1970

Dodge Charger, 1966

Envalls Karriere begann in den frühen 1960er Jahren als Assistent von Sixten Sason bei Saab. 1967 ging er als Designer zu Opel, kehrte aber 1969 nach Sasons Ausscheiden zurück und übernahm die Designabteilung bei Saab. Nach dem Einstieg von GM bei Saab 1990 ging Envall in den Ruhestand.

Saab 99, 1970

Björn Envall
1942

Saab
Opel

Saab 99
Saab 900

Der Betrieb wurde 1898 von Willy Erdmann zur Herstellung von Kutschen gegründet. 1906 trat der Automobilverkäufer Eduard Rossi in das Unternehmen ein. Erst ab diesem Zeitpunkt bot man Aufbauten für Automobile an. 1909 verunglückte Rossi tödlich, Erdmann zog sich daraufhin aus dem Unternehmen zurück. Der Hauptbuchhalter Friedrich Peters übernahm die Firma. Im Ersten Weltkrieg wurden vor allem Post- und Sanitätsfahrzeuge hergestellt und Karosseriereparaturen ausgeführt. Erst in den 1920er- und 1930er-Jahren spezialisierte sich Erdmann & Rossi auf Luxusaufbauten deutscher und ausländischer Automobilhersteller – als deutsche Vertretung von Rolls-Royce und Bentley war Erdmann & Rossi dazu prädestiniert.

Chefdesigner war Johannes Beeskow. Etwa 200 Arbeiter stellten in den Hochzeiten des Unternehmens zwei bis drei Karosserien pro Woche fertig. Zum Kundenkreis gehörte der internationale Hochadel. Um die Kapazitäten auszubauen, wurde 1933 der Ortskonkurrent, die Wagenfabrik Jos. Neuss in Berlin-Halensee, übernommen. Als Friedrich Peters 1937 starb, übernahm sein Bruder Richard Peters das Unternehmen. Wie viele andere Karrossiers verlor auch Erdmann & Rossi mit der veränderten Technologie der selbsttragenden Karosserie Betätigungsfeld und Aufträge – der Zweite Weltkrieg verschärfte die Lage zusätzlich. 1949 entstand die letzte Karosserie aus eigener Fertigung auf dem Fahrgestell eines Maybach SW 42.

Erdmann & Rossi
1898–1949

Mercedes-Benz
Maybach
Horch
Bentley

Mercedes-Benz 500K, 1935

Mercedes-Benz S680, 1928

E

Virgil Exner Sr.
1909–1973

R.L.A.
Studebaker
Chrysler

Studebaker Starlight
Chrysler 300
Chrysler-Ghia Prototypen

Exner studierte Kunst an der University of Notre Dame in Indiana, musste sein Studium jedoch 1928 wegen Geldmangels aufgeben. Er arbeitete als Werbegrafiker, u. a. für Studebaker-LKWs. 1936 ging Exner zu General Motors, wechselte aber 1940 zum Designstudio R.L.A. von Raymond Loewy, das damals alle Studebaker-Designs verantwortete. Die Zusammenarbeit gestaltete sich schwierig, da Loewy alle Designs als die seinen ausgab, während die angestellten Designer unerwähnt blieben. Davon frustriert, verhandelte Exner mit Studebaker über den Aufbau einer hausinternen Designabteilung, was 1944 zu seiner Entlassung bei Loewy führte. Fortan arbeiteten sowohl Loewys Büro R.L.A. als auch das Studebaker Styling an den für die Nachkriegszeit projektierten Modellen. Das 1947er Studebaker Starlight-Coupé, meistens mit Raymond Loewy identifiziert, ist mit großer Wahrscheinlichkeit ein Exner-Design. 1949 wechselte Exner nach Raymond Dietrichs und Robert Cadwalladers Weggang von Chrysler in das dortige Advanced Styling. Exner entdeckte die italienischen Studios, allen voran Ghia, mit dessen Chef

Luigi Segre ihn eine Freundschaft verband. Dieser Kooperation entsprangen viele Chrysler-Ghia-Entwürfe wie der Chrysler K-310 von 1952, der Chrysler d'Élegance und der DeSoto Adventurer. Das Chrysler-Design war bis zu Exners Ankunft sehr stark von den Konstrukteuren beeinflusst worden, was die Marke gegenüber GM und Ford oft ins Hintertreffen brachte; Exner wurde 1957 nach dem Vorbild von GM Vice President, um die getroffenen Designentscheidungen auch durchsetzen zu können. Mitte der 1950er Jahre begannen die „fin wars" zwischen GM und Chrysler: Die Heckflossen wurden größer und größer, bis sie absurde und kontraproduktive Ausmaße erreichten. Mit der 300er-Serie und den Modellen mit langer Motorhaube und kurzem Kofferraum war Chrysler mit dem „forward look" zwischen 1956 und 1957 führend im Styling; Ford und GM sahen sich ästhetisch in der Verfolgerrolle, das Design des Chrysler 300 wurde auch von Volvo und Rover kopiert. 1956 bekamen Exner und sein Team die Goldmedaille des Industrial Designers Institute IDI. 1956 erlitt Exner einen Herzinfarkt während der Arbeit am De-

Chrysler 300, 1957

Chrysler Ghia Special, 1952

Chrysler 300, 1955

sign der 1962er-Modelle. Danach kam es zu einem der merkwürdigsten Fälle von Industriespionage: Informanten berichteten, dass GM seine Modelle für 1962 verkleinern wolle. Aus Angst, den Anschluss zu verlieren, entschied die Chrysler-Führung, die bereits fertig entwickelten Modelle nochmals zu überarbeiten. Als 1961 die Verkaufszahlen einbrachen, wurde Exner als Sündenbock ausgemacht und entlassen, obwohl er gegen die Korrekturen gewesen war. Sein Nachfolger wurde Elwood Engel.

Medardo Fantuzzi
1906–1986

Carrozzeria Fantuzzi

Maserati
Ferrari
ATS

Die Carrozzeria Fantuzzi in Modena war in den 1950er Jahren und bis in die mittleren 1960er Jahre eine herausragende Adresse für den Bau von Rennsportwagen, Kleinstserien und Einzelanfertigungen. Medardo Fantuzzi und sein Bruder Gino erwarben sich erste Lorbeeren mit dem Bau des Maserati A6 GCS; später folgten der Maserati 350S und der Maserati 200S. Medardo Fantuzzi arbeitete bis 1966 auch für Ferrari (z.B. den 250 Testa Rossa Spyder Fantuzzi von 1961). Später kamen Aufträge von De Tomaso, der Scuderia Serenissima, AMS und Techno hinzu. Fantuzzi genoss einen geradezu legendären Ruf, weil seine Handwerker die Entwurfszeichnungen ohne Modell von der Skizze direkt in Metall übersetzen konnten.

Giovanni & Battista Farina

Stabilimenti Farina
Pinin Farina

Die Brüder Giovanni und Battista Farina waren Karroseriebauer in Turin. Giovanni, der ältere Bruder, begann 1911 mit seinem Betrieb Stabilimenti Farina; Battista gründete 1930 die Carrozzeria Pinin Farina, aus der das einflussreichste Designstudio Europas hervorging (siehe: Pininfarina).

Frank Feeley
(?)

Lagonda
Aston Martin

LG 6, 45, Rapide
AM DB1, DB2, DBR3

Feeley war von 1934 bis 1947 bei Lagonda verantwortlich für die Typen 6, 45 und Rapide V12. 1947 wurde Feeley mit der übrigen Lagonda-Mannschaft Teil der David-Brown-Gruppe und designte vorzugsweise für Aston Martin, u. a. die Sportwagen AM DB1 und DB2, aber auch die Rennwagen DBR 1-3. Als Aston Martin 1957 wegen der Produktion des komplett neuen Modells DB4 nach Newport Pagnell umzog, blieb Feeley im alten Standort Feltham. Seine Entwürfe für den DB4 hatte David Brown bereits im Vorfeld als zu antiquiert abgelehnt, daher übernahm die Carrozzeria Touring das Design.

Aston Martin Lagonda 2.6, 1950

F

Figoni & Falaschi
1935–1955

Delahaye
Talbot-Lago
Alfa Romeo
Simca

Joseph Figoni (ursprünglich Giuseppe) kam als Kind italienischer Einwanderer nach Paris und begann 1908 eine Lehre als Karosseriebauer. Nach dem Ersten Weltkrieg eröffnete er eine Karosseriewerkstatt in Boulogne-sur-Seine. Die technische und ästhetische Qualität seiner Arbeit sprach sich herum, Figoni avancierte zu einem gefragten Designer. 1935 gründete er mit dem Geschäftsmann Ovidio Falaschi die Firma Figoni & Falaschi in Paris. Bereits die ersten Designs auf dem Automobilsalon 1936 machten die Firma weltbekannt. Figonis Tropfen- bzw. Teardrop-Form, kombiniert mit zwei- und dreifarbigen Lackierungen, gaben den Designs etwas Mondänes und Ausgefallenes;

der Spitzname der Firma wurde „Phoney & Flashy". Figoni verstand neben der Exzentrik jedoch auch etwas von Aerodynamik und designte einige Rekordwagen der 1930er Jahre. Nach 1945 war die Zeit der Einzelanfertigungen vorbei. Entwürfe für Kleinserien brachten nicht den erhofften Erfolg. 1955 schloss die Firma.

Talbot-Lago Teardrop Coupé, 1938

Leonardo Fioravanti
1938

Pininfarina
Ferrari
Fiat
Fioravanti Design

Nach dem Studium am Politechnikum Turin ging Fioravanti 1964 zu Pininfarina, wo er über 20 Jahre lang blieb. Er arbeitete als Designer und Konstrukteur an einigen der Meilensteine des Studios mit, wie z.B. dem Aerodinamica BLMC, dem Dino 206 GT oder dem Ferrari 365 GTB/4 Daytona.

Seine Arbeit für Ferrari (512 BB, 308 GTS) brachte ihn dort in die Position des stellvertretenden Direktors. Nach kurzer Selbstständigkeit wurde Fioravanti 1989 Designdirektor bei Fiat Centro Stile. Nach seinem Weggang 1991 gründete er ein Designstudio in Montcalieri.

Ferrari P6 Prototyp, 1968

Ferrari 400i, 1979

Trevor Fiore (Frost)
(?)

Fissore
Citroën

TVR
Monteverdi
Citroën Xenia

Fiore wurde in England als Trevor Frost geboren, nahm aber den italienischen Namen seiner Mutter an. Anfang der 1960er Jahre begann er als Designer bei Fissore. Er entwarf den 1965 präsentierten TVR Trident (nicht produziert), außerdem weitere TVR- und Bond-Prototypen. Sein Hauptwerk sind die Monteverdi-Typen, die bei Fissore gefertigt wurden. Viele Designelemente des nicht in Serie gegangenen Monteverdi HAI 450 SS Prototype von 1970 wurden später im Renault Alpine A310 verwirklicht. In den 1970er Jahren wechselte Fiore zu Coggiola. Von 1980 bis 1982 war er Designchef von Citroën und verantwortlich für die Concept Cars Karin und Xenia.

Monteverdi Hai 450 SS, 1970

Citroën Karin Concept, 1980

Carrozzeria Fissore
1920–1984

Fiat
OSCA
DKW Brasilia
De Tomaso
Monteverdi

1920 wurde die Carrozzeria Fissore von vier Brüdern als Stellmacher- und Reparaturbetrieb gegründet. Ab 1936 begann die Entwicklung zum Spezialisten für Nutzfahrzeug- und Sonderaufbauten. Nach 1950 versuchte Fissore, im KFZ-Geschäft Fuß zu fassen, und begann mit dem Entwurf von Kleinserien auf Großserientechnik für Fiat, u. a. von Mario Revelli di Beaumont und Trevor Fiore gezeichnet. Durch stetige Aufträge von kleinen europäischen Herstellern wie TVR, De Tomaso und OSCA, aber auch DKW Brasilia avancierte Fissore in den 1960er Jahren zu einer respektablen Größe unter den italienischen Carrozzerie. Ab 1969 erfolgte die Konzentration auf die Schweizer Monteverdi-Autos; Monteverdi suchte für die größer werdende Modellpalette einen Karosseriebauer und wurde Hauptanteilseigner bei Fissore. Nachdem Monteverdi 1984 die Autoproduktion aufgab, wurde auch Fissore liquidiert.

DKW Vemag-Fissore, 1965

Monteverdi 375L, 1969

F

William Flajole
1915–1999

Chrysler
Ford
Eigenes Studio

Nash Metropolitan
Flajole Forerunner

Mit 15 Jahren gewann Flajole einen Chrysler-Zeichenwettbewerb, was ihm nach dem Studium 1933 einen Job dort einbrachte. In den darauf folgenden Jahren arbeitete er für General Motors, Murray Body und Ford. 1939 folgte die Eröffnung seines Studios für Industrial Design; Flajole designte u. a. Yachten, Uhren, Haushaltsgeräte und Spielwaren. Auf die Entstehung der Vorstädte und die immer größeren Entfernungen zwischen Arbeit, Wohnen und Versorgung reagierte Flajole mit der Idee eines kleinen Zweitwagens, die bei den „Großen Drei" GM, Ford und Chrysler jedoch auf Ablehnung stieß. Nur George Mason, Chef von Nash-Kelvinator, war von Flajoles Idee eines amerikanischen Kleinwagens überzeugt. 1950 wurde der NX1 vorgestellt und von 1954 bis 1961 in England als Nash Metropolitan für den amerikanischen Markt produziert. 1955 designte Flajole das Showcar Flajole Forerunner auf der Basis eines Jaguar XK-120 mit einer Fiberglass-Karosserie und einigen Details, die anderen Herstellern später als Inspiration dienten.

Nash Metropolitan, 1954

Allan Flowers
1940

GM
Nissan
Buick

Nissan NX

Flowers absolvierte 1964 das Institute of Design am IIT Chicago und ging zu GM. Als Assistant Chief Designer gewann er Auszeichnungen für das Design des 1976er Buick Regal. 1980 wechselte er als Chief Designer zum gerade gegründeten Nissan Design America. Dort entwarf er den Pulsar NX, das NX Coupé und den ersten Nissan Altima. Bei Nissan Design verantwortete Flowers auch Designs für externe Kunden: Computer, Messinstrumente, Yachten und Audiokomponenten. 2001 gründete er das Nissan Design Lab an der Academy of Art University in San Francisco und unterrichtete dort Automotive Design. Seit 2006 ist er freier Berater, u. a. für Kia und Hyundai.

Nissan Pulsar NX, 1982

Carrosserie Franay
1903–1955

Bentley
Delahaye
Talbot-Lago

Marius Franay übernahm 1930 das 1903 gegründete Stellmachergeschäft seines Vaters, nachdem er bei der Carosserie Binder eine Ausbildung gemacht hatte. Schnell erarbeitete sich Franay einen Ruf als Adresse für die automobile Luxusklasse, vor allem für Karosserien auf Bentley-Basis. Nach dem Zweiten Weltkrieg versuchte Franay, an den Erfolg der 1930er Jahre anzuknüpfen, doch 1955 wurde die Firma mangels Aufträgen geschlossen.

Delahaye 178 Coupé de Ville, 1949

Pietro Frua
1913–1983

Farina
Ghia
Frua

Maserati Quattroporte 1
Maserati Mistral
Borgward 100
Glas 1500, 2600
Renault Frégate
Volvo 1800 S
AC 428

Fruas Karriere als Designer begann nach seiner Ausbildung zum technischen Zeichner bei Fiat bereits im Alter von 17 Jahren als Hilfszeichner bei Stabilimenti Farina in Turin. Fünf Jahre später wurde er zum Chefdesigner befördert. 1937 machte sich Frua zum ersten Mal selbstständig, aber erst nach dem Krieg erlangte er mit Entwürfen für Maserati Aufmerksamkeit. 1957 übernahm Ghia seine Firma, im Gegenzug wurde Frua Chefdesigner des etablierten Studios. Nur ein Jahr später trennten sich die Wege und Frua machte sich erneut selbstständig – die erfolgreichste Zeit seines Designerlebens begann. Frua entwarf und baute mehr als 200 Einzelanfertigungen, Prototypen, Klein- und Großserienfahrzeuge auf der Mechanik nahezu aller großen Automobilhersteller Europas. Dazu gehörten Alfa Romeo, BMW, D.B./Panhard, Fiat, Ford, Glas, Jaguar, Lancia, Maserati, MG, Lamborghini, Opel, OSCA, Peugeot, Renault, Rolls-Royce, Volkswagen and Volvo. Einige Frua-Entwürfe sind in Gemeinschaftsarbeit mit anderen Designern entstanden, z. B. das Volvo-Coupé 1800 S, das er mit Pelle Peterson entwarf. Andere Aufträge wurden gemeinsam mit Giovanni Michelotti bearbei-

tet, der ein guter Freund und Kollege aus Farina-Zeiten war. Markenzeichen vieler Frua-Entwürfe sind große Fensterflächen mit markanten Knicken und Unterteilungen. Der Maserati Quattroporte von 1963 antizipierte mit der großen, bis ins Dach hinein gezogenen Frontscheibe und den hauchdünnen Säulen die Dachkonstruktion des NSU Ro 80 und vieler anderer Limousinen der 1960er und 1970er Jahre. Frua war ein Freund der Kanten und Kniffe, die nach amerikanischem Styling aussahen und es doch nicht waren. Im Wettbewerb der italienischen Studios um Aufträge hatte Frua in den 1950er Jahren eine Nische in Deutschland gefunden und für Borgward und Glas gearbeitet –bei Glas konnte er in wenigen Jahren sogar ein Markengesicht etablieren. Fruas Spezialität war das luxuriöse GT-Coupé, das er für Maserati, Glas, AC, Monteverdi, BMW und Opel verwirklichte. Mit dem Erstarken der Designabteilungen in den Autounternehmen nahmen die Aufträge für externe Designer wie Frua ab. Seine letzten Arbeiten waren extravagante Einzelanfertigungen auf Rolls-Royce-Basis für betuchte Auftraggeber.

Renault Floride, 1960

Volvo 1800 S, 1957

Glas V8 2600 GT, 1965

Maserati Mistral, 1966

Richard Buckminster Fuller
1917–1983

Dymaxion Car

Fuller ist vor allem als Bauingenieur und Architekt bekannt, als Querdenker konzipierte er in den 1930er und 1940er Jahren jedoch auch Transportmittel. Sein Konzept „Dymaxion" beinhaltete material- und energieeffiziente Bauweisen. Aus dieser Denkweise heraus entstand auch das Dymaxion Car, das in drei Versionen zwischen 1933 und 1937 entstand. Es handelte sich um ein stromlinienförmiges, dreirädriges, im Heck gelenktes und heckangetriebenes Fahrzeug. Trotz der Effizienz bei Verbrauch und Höchstgeschwindigkeit stellte sich das Dymaxion Car als kaum lenkbar und sehr anfällig für Seitenwind heraus; nach einem Unfall während der Chicago World Fair 1933 zogen sich die Investoren zurück. Zwei Dymaxion Cars wurden als Werbefahrzeuge bis in die 1950er Jahre genutzt. 2012 ließ der Architekt Norman Foster eine Replik des Dymaxion Cars bauen.

Dymaxion Car III, 1937

Thomas C. Gale
1943

Chrysler

Dodge Ram
Chrysler Prowler
Dodge Viper

Als Sohn eines Buick-Ingenieurs war Gale von Autos begeistert. Er studierte Design und Fahrzeugtechnik an der Michigan State University und begann nach dem Examen 1967 eine 33 Jahre währende Laufbahn bei der Chrysler Corporation. Nach zahlreichen Krisen des Unternehmens während der 1970er und 1980er Jahre wurde Gale 1985 schließlich Chefdesigner. 1987 stellte er mit dem Chrysler Portofino einen Wendepunkt in der Designsprache des Unternehmens vor. Zu Gales bekanntesten Entwürfen gehören die Dodge Ram-Serie und die Dodge Viper von 1992. Nach dem Zusammenschluss mit Daimler 2000 verließ Gale das Unternehmen.

Dodge Viper, 1992

George A. Gallion
1938

GM
Opel

Gallion startete seine Karriere bei GM in den frühen 1960er Jahren und wechselte 1966 zunächst nur für ein halbes Jahr zur Stylingabteilung bei Opel. 1969 kehrte er nach Rüsselsheim zurück und entwickelte unter Designchef Chuck Jordan den Opel Manta und die Studie Opel CD. Zu den weiteren Designs unter seiner Ägide gehören der Kadett C, der Aero GT, der Monza und der Bitter CD. Gallion war bis 2002 stellvertretender Designchef bei Opel.

Opel CD, 1970

Joseph Gallitzendörfer
1931–2004

Ford
Mercedes-Benz
SsangYong

MB R107
MB W123
MB W126
MB W201

Gallitzendörfer begann seine Laufbahn nach einer Keramiker-Ausbildung und dem Studium an der Kunstakademie in Stuttgart 1951 als Entwerfer bei Rosenthal. 1960 wechselte er als Stylist zu Ford Köln, 1965 ging er zu Mercedes-Benz. Dort arbeitete er zunächst unter Friedrich Geiger am SL-Nachfolger R 107 und der ersten S-Klasse. Sowohl die T-Modelle der W 123er-Reihe als auch die Kombis der maßgeblich von Bruno Sacco designten Baureihe W 201 werden Gallitzendörfer zugerechnet. 1981 wurde er Professor für Automobildesign in Pforzheim und baute den Studiengang KFZ-Design (heute Transportation Design) auf. Gallitzendörfer blieb nach seinem Ausscheiden Anfang der 1990er Jahre bis 2001 externer Berater für Daimler-Benz. Er designte auch den auf der W124-Reihe basierenden koreanischen SsangYong Chairman.

Mercedes-Benz 350 SLC, 1972

Josef Ganz
1898–1967

Adler
BMW
Standard

Ganz wurde in Budapest als Sohn eines Deutschen und einer Ungarin geboren. Er studierte Maschinenbau und schrieb parallel als Journalist für verschiedene Automobilzeitungen. Dort propagierte er seine Idee eines kleinen Alltagswagens für jedermann, den er „Volkswagen" nannte. Nach ersten Versuchen in den späten 1920er Jahren realisierte er seinen ersten Volkswagen 1931 für Adler. Das Modell wurde „Maikäfer" genannt. Als Konstrukteur und Gestalter arbeitete Ganz zu Beginn der 1930er Jahre bei BMW am BMW 3/20 AM1 (Ausführung München) sowie bei Mercedes-Benz am Heckmotor-Typ 170. 1933 präsentierte die Firma Standard (Gutbrod) den von Ganz entwickelten Standard Superior, der explizit als Volkswagen beworben wurde: Ein kleines, nach Jarays Stromlinienprinzipien gestaltetes Auto für den damals unschlagbaren Preis von 1600 RM. 1933 wurde Ganz aufgrund falscher Anschuldigungen von der Gestapo verhaftet und erst nach einem Jahr wieder freigelassen. In der Zwischenzeit erhielt Ferdinand Porsche den Auftrag, den „KdF-Wagen" zu produzieren – dem Unternehmen Standard wurde verboten, den Begriff Volkswagen weiter zu verwenden. Ganz emigrierte in die Schweiz und versuchte sich dort an einem neuen Kleinwagen-/Volkswagenkonzept. 1949 übersiedelte er nach Frankreich, 1951 nach Australien. Dort arbeitete er noch einige Jahre für die GM-Tochter Holden.

G

Marcello Gandini
1938

Bertone
Gandini Design

Lamborghini Miura, Espada, Countach,
Jarama, Urraco
Maserati Khamsin, Quattroporte II, IV
Fiat 132, X1/9
Lancia Stratos
Alfa Romeo Montreal
Citroën BX

Gandini begann als Autodidakt im Industrial-, Interior- und Grafikdesign. Mehr aus Zufall gestaltete er Sportwagen von Bekannten für Wettbewerbszwecke um. 1963 bewarb er sich bei Bertone. Nuccio Bertone wollte seinen damaligen Chefdesigner Giugiaro nicht verlieren und stellte Gandini nicht ein, obwohl er dessen Arbeit schätzte. Nach Giugiaros Weggang von Bertone zu Ghia 1965 bekam Gandini seine Chance. In den folgenden 15 Jahren designte er so viele Meilensteine der automobilen Formgebung wie sonst nur der gleichaltrige Kollege und Konkurrent Giugiaro. Zwischen 1965 und 1980 arbeitete Gandini bei Bertone für Citroën, De Tomaso, Ferrari, Fiat, Iso Rivolta, Lamborghini, Lancia, Maserati, Renault und BMW. Sein erster Auftrag bei Bertone war der Lamborghini Miura, auch wenn dessen Design immer wieder Giugiaro zugeschrieben wird. Gandini setzte die Keilform durch (Giugiaro allerdings auch), die wichtigste automobile Stilistik nach der Trapezform und den geschwungenen Linien der Sechzigerjahre. Das Designelement, dessen Urheberschaft Gandini unangefochten für sich beanspruchen kann, sind die vorn angeschlagenen Flügeltüren, die er erstmals 1968

beim Concept Car Alfa Romeo Carabo verwirklichte. Das erste Serienfahrzeug mit diesen Türen war der Lamborghini Countach, ebenfalls von Gandini gezeichnet. Gandini entwarf aber nicht nur Supersportwagen für Maserati, Lamborghini und andere italienische Hersteller, sondern auch „Brot-und-Butter"-Autos wie den Fiat 132 von 1972 und den formal sehr ähnlichen ersten 5er-BMW (Bertone hatte seit 1960 immer wieder für BMW gearbeitet und 1967/68 Vorschläge für Limousinen und sportliche GTs gemacht). Aus vielen Concept Cars Gandinis wurden schließlich Serienfahrzeuge: Aus dem Tundra Concept für Volvo wurde der Citroën BX, aus der Studie Runabout Barchetta wurde der Fiat X1/9. 1980 verließ Gandini Bertone und machte sich selbstständig. Er war vor allem für das De Tomaso/Maserati/Qvale-Konsortium tätig, arbeitete aber auch für Renault (LKW) und japanische Hersteller.

Lamborghini Miura, 1966

Alfa Romeo Carabo, 1968

Lancia Stratos, 1975

Citroën BX, 1982

Geiger ging nach einer Ausbildung zum Stellmacher und dem Wagenbau-Studium 1933 in die Abteilung Sonderwagenbau bei Daimler-Benz. Seine ersten großen Entwürfe wurden die Typen 500 K und 540 K. Nach 1950 baute Geiger die Hauptabteilung Stilistik auf, deren Chef er bis 1973 war. Unter seiner Leitung entstanden der MB 300 SL Flügeltürer (1955), die Heckflossenlimousinen W110/111, der Pagoden SL W 108/109 und dessen

Nachfolger R 107. Unter Geiger arbeiteten ab 1957/58 auch Paul Bracq und Bruno Sacco, der 1977 Geigers Nachfolger wurde.

Mercedes 220 SE, 1961

Friedrich Geiger
1907–1996

Mercedes-Benz

MB 300 SL
MB W110
MB W108
MB R107

Die Carrozzeria Ghia, 1915 in Turin gegründet, gehörte von 1950 bis zu ihrer Übernahme durch De Tomaso 1969 zu den ganz großen Namen im Automobildesign. Giacinto Ghia baute das Unternehmen mit der Metallbauerfamilie Gariglio als Carrozzeria Ghia & Gariglio in Turin auf. In den 1930er Jahren erwarb sich Ghia eine Reputation mit Leichtbaukarosserien für Sport- und Rennwagen von Alfa Romeo, Fiat und Lancia. Im Zweiten Weltkrieg fertigte man Anhänger und Fahrräder für die Armee. 1943 wurden Gebäude und Werkzeugmaschinen des Fahrzeugbauers durch einen Bombenangriff komplett zerstört;

Giacinto Ghia starb kurz darauf an einem Herzinfarkt. Ghias Frau verkaufte die Firma an zwei enge Mitarbeiter, Giorgio Alberti und Felice Mario Boano. Letzterer stellte den jungen Designer Luigi Segre ein, dessen Entwürfe Ghia bald international bekannt machten. Entscheidend für den Erfolg des Unternehmens wurde auch die Partnerschaft mit Chrysler unter Designchef Virgil Exner. Ghia entwickelte sich zum Advanced Design Studio der amerikanischen und europäischen Automobilindustrie: Neben Chrysler orderten Ford, Renault, VW, Volvo und Fiat Designs und Kleinserien bei Ghia. Elemente der Ghia Supersonic-Stu-

Carrozzeria Ghia
1915–1970

Alfa Romeo
Fiat
Chrysler
Ford
Volvo
VW

Renault R8 Coupé Prototyp, 1964

Ghia-Chrysler 300, 1952

VW Ghia Studie, 1957

G

Carrozzeria Ghia
Fortsetzung

Alfa Romeo
Fiat
Chrysler
Ford
Volvo
VW

dien aus den frühen 1950er Jahren fanden nicht nur Eingang in exklusive Einzelstücke, sondern auch in das Volvo-Coupé 1800 S. Nach Boanos Wechsel zu Centro Stile Fiat übernahm Segre das Unternehmen und verpflichtete die besten Talente im Automobildesign: Pietro Frua, Giovanni Michelotti, Sergio Sartorelli, Giovanni Savonuzzi, Giorgetto Giugiaro. Segres plötzlicher Tod 1963 destabilisierte die Firma, die trotz einiger aufsehenerre-

gender Designs in den 1960er Jahren in rascher Folge mehrfach verkauft wurde, bis sie 1970 von Ford übernommen und in das Netz weltweiter Ford-Designabteilungen integriert wurde. Ford nutzte das alte Ghia-Logo und den Namen in Europa noch bis Ende der 1990er Jahre als Label für die Top-Ausstattungsvarianten. Bei Ghia wurden der Ford Fiesta und der Ford StreetKa designt.

VW Karmann-Ghia Studie, 1964

FIAT 2300 Coupé, 1966

Giorgetto Giugiaro
1938

Bertone
Ghia
Italdesign

Alfa Romeo
Fiat
Maserati
BMW
Iso
De Tomaso
Gordon-Keeble
Audi
VW
Hyundai
Kia
SsangYong

Giugiaro belegte im Alter von 16 Jahren Kurse für Malerei und technisches Zeichnen an der Abendschule in Turin. Bei der jährlichen Werkschau der Schule sah der technische Direktor von Fiat, Dante Giacosa, Giugiaros Zeichnungen und stellte den 17-Jährigen 1955 in der Abteilung für experimentelles Design ein. 1959 wechselte der gerade einmal 21 Jahre alte Giugiaro als Chefdesigner zu Bertone. Zu den Designs von Serienfahrzeugen, die aus dieser Schaffensperiode von ihm stammen oder unter seiner Leitung vollendet wurden, gehören der BMW 3200 CS, der Maserati 5000 GT, der Alfa Romeo 2000 GT, der Iso Grifo, Fiat 850 Spider und das Simca 1000 Coupé. 1965 verließ Giugiaro Bertone und wechselte zum Ortskonkurrenten Ghia als Chef des Styling Center und der Prototypenabteilung. Bei Ghia entwarf Giugiaro den Maserati Ghibli und den De Tomaso Mangusta, das Isuzu 117 Coupé und

den Iso Rivolta Fidia. 1967 gründete Giugiaro sein Studio Italy Styling, das sowohl für Ghia arbeitete als auch nach eigenen Auftraggebern suchte. Ein Jahr später startete die gemeinsam mit dem Ingenieur Aldo Mantovani geführte Firma Italdesign. Schon der Name machte klar, dass es nicht nur um das klassische Styling von Automobilen gehen sollte, sondern um Industriedesign im weiteren Sinn. Das erste Großserienmodell des Studios war der 1971 präsentierte Alfa Romeo Alfasud. Gleichzeitig verfolgte Giugiaro die Strategie der Concept Cars und seiner Alternativentwürfe für bestehende Serien-PKWs. Die Anzahl seiner spektakulären Entwürfe machte ihn Anfang der 1970er Jahre zum bekanntesten Designer neben Pininfarina und Bertone. 1970 begann die Zusammenarbeit mit Volkswagen. Giugiaro designte die Modelle Golf 1, Passat, Scirocco und Audi 80. Die Keilform, die auch sein Kollege

Gandini verfolgte, vermischte Giugiaro häufig mit dem althergebrachten Three-Box-Konzept oder einem Fastback. Sein Studio Italdesign hat seit 1970 circa 200 Serienfahrzeuge für nahezu alle Hersteller der Welt – mit Ausnahme der großen amerikanischen Marken – designt. Dazu gehören Kleinwagen wie der Fiat Panda, zahllose Mittelklasselimousinen und sportliche Varianten, aber auch Luxuslimousinen und Supersportwagen wie der BMW M1. In den 1990er Jahren gewann Italdesign neue Kunden unter den asiatischen Automobilherstellern, vor allem in Korea und China.

Dem Anspruch, auch andere Produkte zu designen, wurde Giugiaro in den frühen 1980er Jahren durch Entwürfe für den Kamerahersteller Nikon und den Uhren- und Messgerätehersteller Seiko gerecht. Außerdem konzipierte Italdesign Eisenbahnzüge, Traktoren, Reifen, Handfeuerwaffen und Möbel. 2010 hatte Audi als Teil der Volkswagen-Gruppe einen Anteil von 90 Prozent an Italdesign erworben. 2015 schied Giugiaro aus dem Unternehmen aus und Audi übernahm Italdesign komplett. Zu diesem Zeitpunkt beschäftigte Italdesign circa 1000 Mitarbeiter.

VW Golf 1, 1973

Fiat Panda, 1980

Alfa Romeo Studie Caimano, 1971

VW Cheetah Studie, 1974

BMW M1, 1978

Maserati Quattroporte III, 1976

Alfa Romeo 159, 2006

G

Albrecht von Goertz
1914–2006

R.L.A.
Goertz Design

Studebaker Commander
BMW 507, 503
Nissan Fairlady, Silvia
Datsun 240Z

Von Goertz, Sohn eines deutschen Adligen und einer deutsch-jüdischen Mutter, machte zunächst eine Banklehre in Hamburg und arbeitete danach in London. 1936 emigrierte von Goertz in die USA. In Los Angeles arbeitete er u. a. in einer Flugmotorenfabrik und baute nebenher Custom Cars auf Ford-Basis. Sein Modell Paragon wurde 1939 auf der Weltausstellung in New York gezeigt. Von 1940 bis Kriegsende diente von Goertz in der US Army. Er ließ sich danach in New York nieder. Zufällig sah Raymond Loewy den Paragon auf der Straße und schlug von Goertz eine Ausbildung zum Designer mit der Aussicht auf eine Anstellung vor. Von Goertz studierte Design am Pratt Institute und ging 1949 zu Loewys Studebaker-Studio in South Bend, Indiana. 1953 machte er sich in New York mit einem Designbüro selbstständig. Er lernte den Importeur Max Hoffmann kennen, der deutsche Sportwagen in die USA importierte und bei BMW die

Idee eines Supersportwagens lancierte. Dadurch bekam von Goertz die Chance zum Entwurf des BMW 507, den er 1955 in München vorstellte. BMW übergab ihm prompt ein zweites Projekt, den Typ 503. Wenn auch keine Verkaufserfolge für BMW, so wurden diese beiden Designs von Goertz' Eintrittskarte in die Welt der Blue Chip-Aufträge. In der Folge arbeitete er in den frühen 1960er Jahren für den japanischen Autohersteller Nissan/Datsun. Neben Entwürfen für das Silvia Coupé und den Fairlady von 1963/64 entwarf er den Yamaha/Nissan 2000 GT Prototyp. Der aus diesem Prototyp hervorgegangene Toyota 2000 GT ist von dem japanischen Designer Satoru Nozaki grundlegend überarbeitet worden und kann somit nicht mehr eindeutig von Goertz zugesprochen werden; dies trifft auch für den weitgehend von Yoshihiko Matsuo inhouse designten Datsun 240Z zu, für den von Goertz 1965 erste Designideen geliefert hatte.

BMW 503, 1955

BMW 507, 1955

Mary Ellen Green Dohrs
1928

GM
Sundberg-Ferar

Buick
Crosley

Green studierte Design am Pratt Institute in New York. 1950 war sie die erste weibliche Designerin bei GM und arbeitete im Buick-Studio. 1953 wechselte Green zu Sundberg-Ferar, einer Designfirma, die 1934 von den ehemaligen GM-Designern Carl Sundberg und Montgomery Ferar gegründet worden war. Zu den Kunden der Automobilbranche zählten der Kleinfahrzeughersteller Crosley sowie

Packard. 1955 beauftragte sie Richard Teague mit dem Interior Design des Packard Carribean.

Packard Carribean, 1955

Eugene Gregorie
1908–2002

Lincoln
Mercury
Ford

Lincoln Zephyr 1935
Lincoln Continental 1939

Gregorie begann seine berufliche Laufbahn 1927 als Zeichner bei den Elco Boat Works in New Jersey. Ein Jahr später wechselte er zu den Yacht-Designern Cox & Stevens in New York. 1929 wurde er Designer beim Karosseriebauer Brewster, dann bei General Motors. Krisenbedingte Entlassungen bei GM brachten ihn zurück zu Cox & Stevens. 1931 wurde Gregorie Designer bei Lincoln und arbeitete am Modell Zephyr mit. Edsel Ford machte ihn 1935 zum Chef der Ford Styling Abteilung, wo er verschiedene Mercury-Modelle und den 1939er Lincoln Continental entwarf. Nachdem das Design von George Walkers Team für den 1949er Ford ausgewählt wurde, quittierte Gregorie 1946 seinen Posten als Chefdesigner. Fünfzehn Jahre lang war er mit einem von ihm entworfenen Boot unterwegs, bevor er in den 1960er Jahren wieder als Yacht-Designer arbeitete.

Lincoln Zephyr, 1935

Lincoln Continental Coupé, 1940

Arnott Grisinger
1908–2002

Kaiser-Frazer
Ford

Lincoln Continental

Grisingers erste Station als Designer war 1931 Chrysler. Er wechselte einige Jahre später zu Kaiser-Frazer/Packard, wo er zum Chefdesigner aufstieg. 1953 gründete er ein eigenes Designbüro. 1955 ging er zu Ford, wo er 1961 zum Chef des Lincoln/Mercury-Designstudios aufstieg. Bei Ford konzipierte er auch das „Stylerama"-Projekt, Fords Antwort auf die sehr erfolgreichen „Motorama"-Shows von GM. Grisinger war für das Design aller Lincolns von 1963 bis 1973 verantwortlich.

Lincoln Continental Coupé, 1966

Walter Gropius
1883–1969

Adler
Standard 6/8

Gropius studierte Architektur und begann 1908 in Peter Behrens' Büro, das für AEG nicht nur Gebäude, sondern auch Produkte entwarf. 1910 gründete er sein eigenes Architekturbüro. Gropius entwarf 1919 das Konzept für das Staatliche Bauhaus in Weimar, eine Gestaltungsschule, die zum Vorbild für alle modernen Designschulen wurde. 1933 musste das Bauhaus auf Druck der Nazis schließen. Gropius war vorrangig Architekt, aber für Adler designte er 1927/28 zwei Karosserien für die Typen Adler Standard 6 und Standard 8. 1935 emigrierte Gropius erst nach England und dann in die USA, wo er weiterhin erfolgreich tätig war.

Adler Standard 6, 1928

Werner Gubitz
1899–1971

LeBaron
Dietrich
Packard

Gubitz wanderte 1905 aus Deutschland in die USA aus. Nach dem Ende des Ersten Weltkriegs begann er sowohl Einzelanfertigungen als auch Serienkarossieren für Fleetwood, Le-

Baron Carrossiers, Dietrich und die Ohio Blower & Body Co. zu entwerfen. 1927 wechselte er zu Packard und gestaltete dort fast alle Modelle bis zu seinem Ausscheiden 1947.

Packard, 1938

Gurney Nutting coachbuilders
1917–1948

Bentley
Rolls-Royce

1917 gründete der als Bauunternehmer erfolgreiche John Gurney Nutting mit einem Geschäftspartner die Karosseriewerke J. Gurney Nutting & Co., die dank des Designers A. E. McNeil rasch an Reputation gewannen. Vor allem die Karosserien für Bentley machten Gurney Nutting bekannt. Anfang der 1930er Jahre warb

der Konkurrent James Young McNeil ab; neuer Chefdesigner bei Gurney Nutting wurde John P. Blatchley. Später übernahm wieder McNeil. 1948 fusionierte Gurney Nutting mit James Young Coachbuilders und verlegte den Schwerpunkt auf Busaufbauten. 1952 schloss die Firma.

Walter Häcker
1905–1989

Mercedes-Benz

MB 170
MB 190 SL

Häcker lernte Maschinenschlosser, dann studierte er Maschinenbau in Köln. 1926 begann seine berufliche Laufbahn bei der Wagenkörperfabrik der Deutschen Werke (WaKö) in Berlin. Dort traf er Hermann Ahrens. Nach dem Verkauf der WaKö an AmbiBudd blieb Häcker noch einige Zeit in Berlin, dann folgte er Ahrens zu Horch nach Zwickau. 1933 wechselte er zu Daimler-Benz in die Karosseriekonstruktion unter Ahrens. Eine seiner ersten Aufgaben war die Gestaltung und Konstruktion des Typs 170. Nach dem Krieg zeichnete Häcker

u. a. den 1954 vorgestellten 190 SL. Von 1955 bis 1970 war Häcker Chef der PKW-Konstruktionsabteilung bei Mercedes-Benz.

Mercedes-Benz 190 SL, 1955

Haynes erste berufliche Station war Ford Europe, wo er als Chefdesigner maßgeblich die Form des Cortina Mk 2 von 1966 verantwortete. 1967 nahm er ein Angebot von British Leyland an und baute eine neue Designabteilung in Oxford auf. Seinen ehemaligen Ford-Kollegen Harris Mann nahm Haynes mit. Der Mini Clubman von 1969 war die erste Arbeit für den neuen Arbeitgeber. Auch der 1971er Morris Marina entstand unter Haynes' Ägide. Unzufrieden mit den

Zuständen und Verantwortlichkeiten bei BL gründete Haynes 1976 die ElecTraction Ltd., ein Unternehmen für Elektrofahrzeuge.

Mini Clubman, 1969

Roy D. Haynes
(?)

Ford GB
BMC/British Leyland

Ford Cortina Mk 2
Mini Clubman
Morris Marina

Herlitz, Kind schwedischer Einwanderer, war schon als Junge ein begeisterter Zeichner und sandte im Alter von 13 Jahren Zeichnungen an Chrysler. Nachdem man ihm mitgeteilt hatte, welche Ausbildung ein Designer haben sollte, studierte er Industrial Design am Pratt Institute in New York. Direkt nach seinem Abschluss 1965 wurde er von Chrysler für die Plymouth Division engagiert. Er designte das Barracuda SX Show Car, das die Formen des 1967 präsentierten Plymouth Barracuda vorwegnahm.

Später übernahm Herlitz das Design des 1970er Barracuda und des 1971er Plymouth GTX und des Road Runner. 1994 wurde Herlitz zum Vice President für das Chrysler Design ernannt.

Plymouth Barracuda, 1967

John Eric Herlitz
1942–2008

Plymouth
Chrysler

Plymouth Barracuda
Plymouth Road Runner

Hersheys erster Arbeitgeber waren die Murphy Coachworks, wo er ab 1927 unter Frank Spring arbeitete. 1932 warb ihn Harley Earl für GM ab und beauftragte ihn mit dem Design des 1933er Pontiac. 1936 reiste Hershey zu Opel und zeichnete den ersten Opel Kapitän (ab 1938 produziert). Während des Krieges diente Hershey bei der Marine. Sein Design für den legendären 1948er Cadillac mit den ersten Heckflossen prädestinierte ihn als Nachfolger von Harley Earl. Hershey machte sich jedoch 1949 selbstständig, ging 1950 zu Packard und 1952 zu Ford. Dort designte er

neben vielen Volumenmodellen den ersten Ford Thunderbird von 1955. Da Ford-Designchef George Walker den Entwurf als den seinen ausgab, gab es zwischen ihm und Hershey Auseinandersetzungen. Hershey wechselte schließlich zu Kaiser Aluminum und etablierte dort eine Designabteilung.

Cadillac, 1948

Frank Hershey
1907–1997

Murphy Coachbuilders
GM
Opel
Ford

Opel Kapitän 1938
Cadillac 1948
Ford Thunderbird 1955

H

Ron Hickman
1932–2011

Ford
Lotus

Ford Anglia
Lotus Elite
Lotus Elan
Lotus Europa

Hickman wurde in Südafrika geboren. 1954 siedelte er nach London um mit dem Ziel, Automobildesigner zu werden. Bei Ford in Dagenham wurde er als Modelleur eingestellt. Schon einige Monate später war er am Design des Ford Anglia 105 E beteiligt. 1957 traf er den Lotus-Gründer Colin Chapman, der Fachleute für seine neuen Serienfahrzeuge suchte. Hickman stieg bei Lotus ein und arbeitete nebenher als Möbeldesigner. Der Lotus Elite war sein erstes Designprodukt bei Lotus – wirtschaftlich ein Fiasko, stilistisch hochgelobt. Der nächste Entwurf, der Lotus Elan von 1962, machte

die Firma und den Designer weltbekannt. 1967 ging Hickman mit seinem Designbüro eigene Wege. Zu den erfolgreichsten Objekten, die er designte, gehört die Werkbank WorkMate, für die Black & Decker 1970 die Lizenz erwarb.

Lotus Elan, 1962

Wilhelm Hofmeister
1912–1978

BMW

BMW 700
BMW 3200 CS
BMW 1500
BMW 2000

Hofmeister war zunächst Mitarbeiter des langjährigen BMW-Designchefs Peter Szymanowski, bevor er ab 1957 die neue, moderne Linie von BMW mitgestaltete. Hofmeister arbeitete mit Bertone und Michelotti an einem neuen Erscheinungsbild von BMW-Automobilen nach der Fast-Pleite und drohenden Übernahme durch Mercedes-Benz von 1958. Der Kleinwagen BMW 700 (Michelotti), die „Neue Klasse" BMW 1500 (Michelotti) und der BMW 3200 CS (Bertone) sind

unter seiner Leitung entstanden und begründeten das Image der Marke als fortschrittlich und sportlich. Hofmeister ist Namensgeber des Designmerkmals „Hofmeister-Knick", einer charakteristischen Heckfenstereinfassung, die jedoch von Howard Darrin am Kaiser Manhattan-Modell von 1952 eingeführt worden war und später in einigen Bertone-Entwürfen der frühen 1960er Jahre erneut auftauchte. Hofmeister blieb Designchef bis 1970; sein Nachfolger wurde Paul Bracq.

BMW 700, 1959

BMW 3200 CS, 1961

BMW 2000, 1966

Holls studierte Industrial Design an der Michigan State University und arbeitete nach seinem Abschluss 1952 bei GM. Harley Earl nahm Holls in das Cadillac-Studio, wo er an den berühmten 1959er Cadillacs mit den „Rocket"-Rückleuchten arbeitete. 1960 wurde Holls in das Chevrolet-Studio versetzt und war an der Entwicklung der Split-Window-Corvette beteiligt. 1961 wurde er Buick-Chefdesigner und bestimmte in dieser Position maßgeblich das Design des Buick Riviera

von 1966 mit. Zwischen 1966 und 1970 leitete er das Design der neuen Corvette und des ersten Camaro. 1970 ging Holls zunächst als Chuck Jordans Assistent zu Opel, wo er ein Jahr später den Posten des Designchefs übernahm. 1986 wurde Holls zum Director of Design bei GM ernannt. 1991 ging er in den Ruhestand. Gemeinsam mit Michael Lamm verfasste er das 1996 erschienene Standardwerk zum amerikanischen Automobildesign *A Century of Automotive Style.*

David Holls
1931–2011

GM
Opel

Cadillac 1959
Buick Riviera
Chevrolet Camaro
Opel CD
Bitter CD
Cadillac STS

Chevrolet Camaro, 1969

Das I.De.A Institute wurde von Franco Mantegazza und dem Architekten Renzo Piano 1978 als Designfirma nach dem Vorbild von Giorgetto Giugiaros Italdesign gegründet. Jenseits von klassischem Design fokussierte I.De.A jedoch von Anfang an auf die Entwicklung von Typenreihen und Plattformkonzepten. 1983 wurde Ercole Spada Designchef, verließ das Unternehmen aber Mitte der 1990er

Jahre wieder. I.De.A entwickelte das Plattformkonzept zunächst für die Fiat-Gruppe, aber auch japanische, chinesische und indische Hersteller (Tata) interessierten sich für die Expertise. Zwischenzeitlich mit über 200 Beschäftigten das drittgrößte Designunternehmen Italiens, geriet I.De.A durch die Finanzkrise 2007 ins Schlingern und wurde 2010 von einem Finanzinvestor übernommen.

I.De.A Institute
1978

Lancia
Fiat
Daihatsu
Daewoo
Tata

Tata Nano, 2000

Fiat Tipo, 1981

Norman J. James
1932

GM
Sundberg-Ferar

Firebird III
Lunar Rover

James studierte Industrial Design am Pratt Institute in New York. 1955 begann er bei GM, obwohl er sein Studium noch nicht beendet hatte. Seine erste Aufgabe war die Mitarbeit am Firebird II Concept Car. Nach seinem Abschluss arbeitete er ab 1957 am Firebird III-Projekt. 1963 wechselte er zu den GM Defense Research Laboratories und begann mit den Arbeiten am Lunar Rover, den die NASA für die Mondlandung einsetzte. James desig-

nte außerdem für Sundberg-Ferar das Interior der Lockheed TriStar. Zuletzt war er für die Rüstungsindustrie tätig.

Lunar Rover, Apollo 15, 1973

Paul Jaray
1889–1974

Ley T-6
Audi Typ K
Maybach

Jaray studierte Maschinenbau in Wien und Prag und wurde 1914 Chefkonstrukteur bei den Zeppelin-Luftschiffwerken in Friedrichshafen. Jaray war sein Leben lang mit den Themen Leichtbau und Aerodynamik befasst und entwickelte neben Flugkörpern die ersten strömungsgünstigen Karosserien für Automobile, die er zum Patent anmeldete: Zwei halbierte Tropfen- bzw. Spindelkörper werden aufeinandergesetzt; die Stirnflächen sind weitgehend abgerundet, das Heck läuft fließend aus. Die ersten Fahrzeuge nach Jaray-Lizenz waren der Ley T-6 (Prototyp), der Audi Typ K und der BMW Dixi G7. Aber auch die Hersteller von großen Repräsentations-

limousinen wie Adler, Maybach und Mercedes bauten Sonderkarosserien nach Jaray. Die Verbrauchseinsparung und Geschwindigkeitsmaximierung waren beträchtlich, die Herstellung der Karosserien blieb vor der Einführung von Stahlpressen und selbsttragenden Konstruktionen allerdings sehr aufwendig. In den 1940er Jahren setzte sich das von Wunibald Kamm entdeckte K-Heck als strömungsoptimierte Form durch. Auch deshalb wurden Jarays Designs selten in die Massenfertigung übernommen. Das Serienfahrzeug, das seinen Ideen am nächsten kommt, ist das Tatra Modell 87 von Hans Ledwinka.

Ley T-6, 1922

Dean Jeffries
1933–2013

Eigenes Studio

Black Beauty
Green Hornet
Monkeemobile

Nach seinem Wehrdienst begann Jeffries 1950 mit der Bemalung und Beklebung von Rennwagen und -motorrädern – der Schriftzug „Little Bastard" auf James Deans Porsche 550 stammt von ihm. Nachdem ihm STP Oil den Auftrag für das Design diverser Rennteams gegeben hatte, wurde Jeffries endgültig bekannt. Ab 1960 designte er viele TV- und Film-fahrzeuge, etwa Black Beauty aus *The* *Green Hornet*, das Monkeemobile und den Moon Buggy für den James Bond-Film *Moonraker*.

Monkeemobile, 1966

Andrew F. Johnson
1854–1943

Brewster

Andrew Johnson gehört zu den Grün-dern der Disziplin Automobildesign, obwohl er kein einziges Produktions-fahrzeug entworfen hat. Er machte in Maine eine Lehre als Kutschbauer und kam 1882 zu Brewster & Co. in New York. Nebenher besuchte er Abend-kurse an der Technical School for Carriage Draftsmen and Mechanics. Johnson war einer der besten Schü-ler und gewann 1885 ein Stipendium an der Ecole DuPont in Paris. Albert DuPont hatte den Kutschbau mit der Einführung der Technik des Strakens aus dem Schiffbau revolutioniert und lehrte das dreidimensionale Entwer-fen. Nach seiner Rückkehr aus Paris bot man Johnson 1892 die Stelle des Schulleiters der Technical School an. Johnson versuchte, den Fokus der Schule auf die langsam florie-rende Automobilherstellung zu lenken. Nachdem die Technical School man-gels finanzieller Unterstützung 1919 schließen musste, ging Johnson nach Detroit an die Cass Technical High School. Später konzipierte er einen Fernstudienkurs von seinem Wohnort in Maine aus. Dieser Fernkurs wurde über Jahrzehnte von hunderten von Schülern belegt, von denen einige, wie Ray Dietrich oder die Brüder Fis-her von Fisher Body, große Namen der ersten Generation des Automobil-designs wurden.

David Jones
1910–2000

GM
Vauxhall

Bedford Van
Bedford Truck

Jones studierte an der Birmingham Art School und gewann 1928 ein Stipen-dium für das Royal College of Art in London, wo er Illustration und Bild-hauerei studierte. 1932 begann er im Styling Department von Vauxhall und wurde nach dem Ausscheiden von Eric Kennington Designchef. Während der Kriegsjahre entwarf er Truppen-transporter. In den 1950er Jahren er-starkte Vauxhall als britische GM-Toch-ter und Jones entwarf nicht nur PKWs, sondern auch Vans und Trucks für die Konzerntochter Bedford. Jones' Faible für zeitgenössische Plastik, GM-Styling und Streamline Design ver-schmolzen zu einem besonderen Mix. Der Bedford-Van mit Schiebetüren aus den späten 1950er Jahren ist vermut-lich seine bekannteste Arbeit. Nach einem schweren Autounfall 1967 ging Jones frühzeitig in den Ruhestand.

Bedford CA Van, 1958

J

Chuck Jordan
1927–2010

GM
Opel

Cadillac Eldorado '59
Buick Centurion
Chevrolet Corvette 2
Buick Riviera
Opel GT
Opel CD
Opel Manta
Chevrolet STS

Schon als Kind zeichnete Jordan Autos, als Jugendlicher modellierte er seine Entwürfe in Gips. Jordan studierte am Massachussetts Institute of Technology Konstruktion und Design und reichte während seiner Studienzeit ein Modell bei der Fisher Body Craftsman's Guild ein. Er gewann den Hauptpreis und hatte die Möglichkeit, direkt nach seinem Abschluss 1949 bei GM einzusteigen. Seine ersten Designs waren Baumaschinen und der GM Aerotrain. Bereits mit 30 Jahren wurde Jordan Chefdesigner des Cadillac-Studios und war in dieser Position verantwortlich für die Eldorados der Baujahre 1958/59. 1962 zählte ihn das LIFE Magazine zu den einhundert einflussreichsten Menschen in den USA. Nach Harley Earls Weggang blieb Jordan unter Bill Mitchell einer der wichtigsten GM-Designer und war an vielen ikonischen Designs der 1960er Jahre beteiligt. 1967 wechselte Jordan in der Nachfolge von Mac Kichan als Designchef zu Opel nach Rüsselsheim und initiierte dort eine Reihe von bemerkenswerten Concept Cars und Serienmodellen, die die Marke Opel zum Design-Vorreiter in Europa machten. 1971 kehrte Jordan nach Detroit zurück und arbeitete als Designchef verschiedener Studios, bevor er 1986 als Nachfolger von Irv Rybicky Vice President of Design wurde. 1992 ging er in dieser Position in den Ruhestand, unterrichtete aber weiterhin Automotive Design. Jordan war einer der letzten einflussreichen Vertreter einer intuitiven Designpraxis, die nicht auf Marktforschung vertraute, sondern auf ästhetische Kategorien.

Opel CD Studie, 1969

Chevrolet Corvair Studie, 1964

GM Aerotrain, 1957

Gaston Juchet
1930–2007

Renault

Renault R16
Renault R12, 15, 17, 30

Juchet war ein begeisterter Zeichner und von Luftfahrt und Aerodynamik fasziniert. Nach dem Studium und dem Militärdienst begann er 1958 bei Renault als Fachmann für aerodynamische Fragen und arbeitete am Facelift der Modelle Fregate/Caravelle mit. Ab 1961 wurde er in das Projekt 115/Renault 1500 involviert, aus dem der legendäre Renault 16 entstand. Nachdem die Entwürfe von Philippe Charbonneaux und Ghia abgelehnt wurden, waren es Juchets Designs, aus denen das Serienmodell hervorging. 1965 wurde Juchet Chef bei Style Renault. Bis 1975 war er für das Design nahezu aller Renaults verantwortlich; dann übernahm Robert Opron (vorher bei Citroën) die Leitung bei Style Renault und Juchet wurde sein Mitarbeiter. Opron sollte neuen Schwung in das Renault-Design bringen, nachdem es lange unter der Kuratel der Karosserieentwicklung gestanden hatte. Als Opron 1984 ging, ernannte man Juchet erneut zum Designchef. 1987 wurde er von Patrick LeQuement abgelöst. Juchet pflegte einen engen professionellen Austausch mit italienischen Studios und Designern wie Marcello Gandini, Giorgetto Giugiaro oder Sergio Coggiola, aber auch mit dem Designchef von AMC, Richard Teague.

Renault R16, 1965

Rendering of Renault R17, 1970

Wayne Kady
1936

GM

Cadillac Eldorado
Cadillac Brougham, Fleetwood
Buick

Kady begann 1961 bei GM und wurde bald in das Cadillac-Studio berufen, wo er am Modelljahrgang 1965 arbeitete. 1968 beförderte man Kady zum Chief Designer im Advanced Cadillac-Studio. Die großen Limousinen der frühen 1970er Jahre trugen von nun an seine Handschrift, allen voran der 1971er Eldorado. Kady wurde 1972 Chefdesigner des Buick-Studios, ging aber nach zwei Jahren zurück zu Cadillac, um dort Studioleiter bis 1988 zu bleiben. 1988 wechselte Kady abermals zu Buick als Designchef des Buick-2-Studios. 1999 verabschiedete er sich in den Ruhestand.

Cadillac Eldorado, 1971

K

Wunibald Kamm
1893–1966

Daimler-Benz
FKFS

Kamm Versuchswagen

Kamm wurde in Basel geboren und zog als Kind mit seiner Mutter nach Deutschland. In Stuttgart schloss er 1920 sein Studium des Maschinenbaus ab, zwei Jahre später promovierte er. Sein erster Arbeitgeber war die Daimler-Motoren-Gesellschaft, wo er Rennmotoren entwickelte. 1930 wurde Kamm Professor für Kraftfahrzeugtechnik an der TH Stuttgart und gründete das Forschungsinstitut für Kraftfahrwesen und Fahrzeugmotoren Stuttgart (FKFS). Nun konnte er sich sowohl der Aerodynamik als auch der Antriebstechnik von Automobilen widmen. Kamm baute das FKFS zu einem Forschungszentrum aus, das neben einer Prüfstrecke auch über einen Windkanal für 1:1-Modelle verfügte. Zwischen 1938 und 1944 entstanden eine Reihe von Versuchswagen (teilweise auf BMW-Technik) in gemeinsamer

Arbeit mit Reinhard von Koenig-Fachsenfeld. Aus Kamms Forschungen resultiert das bis heute gültige K-Heck: Entgegen der landläufigen Meinung, die vollendete Spindelform mit lang auslaufendem Heck (Jaray-Prinzip) sei aerodynamisch am effektivsten, wies Kamm nach, dass ein nahezu senkrecht abgeschnittenes Heck effektiver war. Mit den Prototypen K1–K4 konnte Kamm den Luftwiderstandsbeiwert sensationell verringern und damit auch den Verbrauch bei gleichzeitigem Anstieg der Höchstgeschwindigkeit. Obwohl sich Kamm während und nach dem Zweiten Weltkrieg vor allem der Luftfahrt widmete, sind seine Forschungen bis in das heutige Automobildesign nachvollziehbar. Neben der funktionalen Aerodynamik propagierten Kamms Versuchswagen auch das Two-Box-Design und die Pontonform.

BMW Mille Miglia-Coupé, 1940

Kamm Test Car, 1941

Klaus Kapitza
1939

Ford
BMW

Ford Capri III
Ford Taunus II
BMW 850i

Kapitza begann 1962 als Konstrukteur bei Steyr-Daimler-Puch und wechselte 1968 als Designer zu Ford Köln. Dort wurde er Manager des Exterior Advanced Designstudios und arbeitete an den Modellen Fiesta, Escort, Taunus II, Capri III und Sierra. Daneben entwickelte Kapitza zwischen 1976 und 1979 Aerodynamik-Lösungen für die Formel 1-Teams von McLaren, Copersucar-Fittipaldi und Willi Kauhsen. Claus Luthe warb Kapitza für BMW ab. Dort übernahm er 1984 die Abteilungsleitung des Exterior-Designs in München. Sein bekanntester Entwurf

war der BMW E-31/850i. Von 1990 bis 1999 arbeitete Kapitza als Chefdesigner für Exterieur, Interieur, Trim und Farben der Konzeptfahrzeuge, Prototypen und Showcars, die von BMW Technik hergestellt wurden, unter anderem der Kleinwagen Z13.

BMW E31/850i, 1990

Tom Karen
1928

Ford
Ogle Design

Reliant Bond Bug
Reliant Rialto
Reliant Scimitar

Karen wurde im tschechischen Brno geboren. Die Familie floh vor den Nationalsozialisten nach Großbritannien. Karen studierte Ingenieurwesen für Luftfahrt und arbeitete zunächst in der britischen Flugzeugindustrie. 1955 ging er als Designer zu Ford. 1959 wechselte er zu Ogle Design. Ab 1960 arbeitete er zwei Jahre für Philips. Nachdem David Ogle bei einem Verkehrsunfall ums Leben gekommen war, kehrte Karen 1962 zu Ogle Design zurück und wurde dort Chefdesigner und Managing Director. In den folgenden Jahren gestaltete Karen zahlreiche Fahrzeuge für Reliant, u. a. den Bond Bug und den Kleinlieferwagen Rialto bzw. Robin. Mit dem 1967 vorgestellten Scimitar GTE etablierte Karen das Konzept des dreitürigen Sportkombis (Shooting Brake). Über das Unternehmen Reliant, das zahlreiche Entwicklungsaufträge für den türkischen Automobilhersteller Otosan ausführte, gelangten einige von Karens Entwürfen auch auf den türkischen Markt. Karen ist auch Designer des Kinderrads Raleigh Chopper aus den 1970er Jahren.

Reliant Robin, 1975

Heinrich Klie
1914–1999

Porsche

Porsche Carrera 6
Porsche 911
Porsche 914

Klie begann 1953 bei Porsche als Modelleur und Stylist unter Erwin Komenda. Zu seinen ersten Entwürfen gehörte der Porsche F1-Rennwagen, später der wegweisende Carrera 6. Mit dem Eintritt von Alexander „Butzi" Porsche veränderte sich die Designsprache, vor allem durch die Modelle 904 und 911. Klie designte u. a. die berühmten Leichtmetallfelgen des Porsche 911, vermutlich ist sein Anteil am Gesamtdesign des Wagens sehr viel größer als häufig angenommen. Unbestritten ist seine Federführung beim Entwurf des VW-Porsche 914.

VW-Porsche 914, 1970

Reinhard von Koenig-Fachsenfeld
1899–1992

Daimler-Benz
FKFS

Kamm Versuchswagen

Koenig-Fachsenfeld studierte nach dem Gymnasium in Stuttgart Ingenieurwesen und betätigte sich als Renn- und Rekordfahrer. Sein erster Arbeitgeber waren die Zeppelin-Werke; außerdem übernahm Koenig-Fachsenfeld die Patentgeschäfte von Jaray. 1932 designte er eine optimierte Karosserie für den Mercedes-Rennwagen von Brauchitschs. 1937 entwarf er das nach Jarays Prinzipien geformte BMW 328 Wendler Stromlinien-Coupé, das gemeinsam mit Wunibald Kamm zum Kamm-Wagen K3 weiterentwickelt wurde. 1939 designte Koenig-Fachsenfeld einen stromlinienförmigen Testwagen für die Fulda Reifenwerke, der weit über 200 km/h erreichte. 1947 designte er den Sagitta V2 auf VW-Basis, der durch den niedrigen c_W-Wert 0,25 auf 140 km/h kam.

K3 Versuchswagen auf BMW-Basis, 1939

K

Hideo Kodama
1943

Opel

Opel Manta
Opel Corsa A, B, C
Opel Tigra

Kodama studierte Design an der Tama Fine Arts Universität Tokyo und bewarb sich anschließend bei General Motors um eine Stelle als Designer. Dort verwies man ihn an Clare MacKichan, der für Opel eine Designabteilung in Deutschland aufbaute. 1966 begann Kodama bei Opel Rüsselsheim als Assistent von Erhard Schnell. Neben der Mitarbeit am Manta A und Corsa A verantwortete Kodama ab den 1980er Jahren das Design der zweiten und dritten Generation des Corsa und dessen sportlicher Version, des Modells Tigra. 2010 ging Kodama in den Ruhestand.

Opel Corsa C, 1994

Erwin Komenda
1904–1966

Steyr
Daimler-Benz
Porsche

Kdf-Wagen/VW Käfer
Berlin-Rom-Wagen
Porsche 356
Porsche 550
Porsche 904
Porsche 911

Komenda besuchte die Höhere Technische Lehranstalt für Eisenverarbeitung in Steyr. Von 1920 bis 1926 arbeitete er als Automobilkonstrukteur in der Wiener Karosseriefabrik. 1926 wurde er Konstrukteur bei den Steyr-Werken. Hier begegnete Komenda Ferdinand Porsche, der technischer Direktor bei Steyr war. Von 1929 bis 1931 arbeitete Komenda als Chefkonstrukteur der Versuchs- und Karosserieentwicklungsabteilung der Daimler-Benz AG. In dieser Zeit entstanden Autos wie der Mercedes-Benz Typ Mannheim 370 K und ein stromlinienförmiger Kleinwagen mit Heckmotor. Im November 1931 trat Komenda dem von Ferdinand Porsche neu gegründeten Konstruktionsbüro als Leiter der Karosserieaufbauabteilung bei, die er bei der Porsche AG bis 1966 leitete. Dort designte er unter anderem die Karosserie des VW-Käfers und des Berlin-Rom-Renn-wagens. Gemeinsam mit dem Aerodynamiker Josef Mickl entwickelte Komenda die Karosserien des P-Auto-Union-Rennwagens und des Cisitalia F1-Rennwagens von 1947. 1946 begann Komenda mit Arbeiten zur Karosserie des ersten Porsche, aus dem der Typ 356 entstand, außerdem an diversen Folgetypen und dem Porsche 550 Spyder. Komenda war intensiv mit der Entwicklung des Typs 901 (dem späteren 911) und der Kunststoffkarosserie des 904 Rennwagens befasst, auch wenn beide Designs in der Vergangenheit allein Alexander Porsche zugeschrieben wurden.

KdF-Wagen/Volkswagen, 1939

Berlin-Rome-Rennwagen, 1939

Porsche 356 A, 1952

Koren wurde in Norwegen geboren, wuchs in Kenia auf und ging in den 1950er Jahren nach London. Er studierte am Royal College of Art Industrial Design und graduierte 1956 mit einer Arbeit über Automobildesign, für die er einen Jaguar 140 XK als modernistischen Shooting Brake entwarf. 1957 ging er zu Bentley in Crewe unter J. P. Blatchley und arbeitete an der neuen Serie S2. Nach Blatchleys Ausstieg 1969 bot man Koren den Posten als Chefdesigner an, aber er konzentrierte sich auf Architektur und Interior Design.

Bentley S2 Continental „Chinese Eyes", 1962

Holden Koto
1910–1988

Briggs
Hudson
R.L.A.
Ford
Studebaker
Mercury

Koto studierte Ingenieurwesen und Architektur an der Cornell University in Ithaca, New York. 1933 bekam er seine erste Anstellung beim Karosseriebauer Briggs und blieb dort bis 1939. Er arbeitete unter Ralph Roberts und John Tjaarda. Danach ging Koto für kurze Zeit zu Hudson, wechselte aber 1943 zu R.L.A., um für Studebaker zu designen. Koto arbeitete gemeinsam mit Robert Bourke am 1953 Starliner. Nebenbei half er dem ehemaligen R.L.A.-Kollegen Dick Caleal beim Entwurf des 1949er Ford, der den Konzern rettete. 1950 wurde Koto von Loewy nach England zu Austin geschickt, um ein Design für den neuen Austin A30 zu entwickeln. Das Produktionsauto war jedoch intern vom Austin-Designchef Ricardo Burzi so überarbeitet worden, dass von Kotos ursprünglichem Design kaum etwas übrig blieb. Nach der Übernahme von Studebaker durch Packard endete der Designvertrag von R.L.A. und Koto ging zu Ford, wo er bis in die 1960er Jahre an den Modellen Mercury und Lincoln arbeitete.

Studebaker Champion, 1949

L

Harm Lagaay
1946

Simca
Ford
BMW
Porsche

Ford Scorpio
BMW Z1
Porsche 924
Porsche Boxster
Porsche Cayenne
Porsche Carrera GT

Lagaay studierte an der Technischen Universität Delft und begann seine Karriere 1967 beim Unternehmen Olyslager. 1968 wechselte er als Designer zu Simca. 1971 ging er ein erstes Mal zu Porsche und blieb bis 1977. In dieser Zeit arbeitete er am Modell 924. 1977 wurde er Chefdesigner bei Ford in Köln und entwickelte den Scorpio mit. 1985 warb ihn BMW ab, wo er den Typ Z1 designte, stilistisch und technisch sehr avanciert, wirtschaftlich jedoch ein Flop. Lagaay übernahm die Stelle des Designdirektors bei Porsche 1989 von Anatole Lapine und modernisierte die Modellpalette um die Typen Boxster, Cayenne und Carrera GT. 2004 ging Lagaay in den Design-Ruhestand. Lagaay war und ist begeisterter Rennfahrer im Historischen Motorsport.

BMW Z1, 1987

Porsche Carrera GT, 2002

Homer LaGassey
1924–2014

GM
Chrysler
Ford
Buick
Dodge

Ford Fairlane, Maverick
Lincoln Mk 3, 4

LaGassey wurde 1946 mit gerade einmal 22 Jahren als jüngster Designer in der Designabteilung von General Motors angestellt. LaGassey hatte Industrial Design am Pratt Institute in New York studiert. Sein erster Auftrag waren die Concept Cars Buick Wildcat II und Wildcat III. 1955 wechselte er zur Chrysler Corporation und wurde Chedesigner der Dodge und Suburban Studios. Vier Jahre später machte er sich mit Homer LaGassey Design Consultants selbstständig und arbeitete für verschiedene Auftraggeber, bevor er ein Angebot von Ford annahm und dort leitender Designer in einer Reihe von Studios und bei verschiedenen Projekten wurde. LaGassey arbeitete am Design des Mustang mit und an den Modellen Maverick, Falcon, Fairlane und Thunderbird. In den 1960er Jahren überwachte er die Designs für den Lincoln Mk 3 und Mk 4. Er entwickelte auch die Form des GT 40, der 1967 bei den 24 Stunden von Le Mans eingesetzt und der als J-Car bekannt wurde. LaGassey ging als Designer 1980 in den Ruhestand, arbeitete aber als Dozent für Transportation Design am Detroit Center for Creative Studies.

Ford Fairlane, 1963

Buick Wildcat, 1952

Lincoln Continental Mk 4, 1974

Lapine begann 1954 bei GM im inoffiziellen „Studio X", in dem er während Bill Mitchells Ägide viele Concept Cars mitentwickelte. Lapine war begeistert vom Rennsport und Beifahrer von Dick Thompson in Elkhart Lake, wo sie Mitchells XP-87 Stingray Prototypen beim SCCA 500-Mile Wisconsin Grand Prix steuerten. Ein ständiger Designbegleiter Lapines war Larry Shinoda, mit dem er zwischen 1960 und 1964 an der Corvette Stingray, dem Corvair Monza GT von 1962, dem Corvair Monza SS von 1963 und an Zora Arkus-Duntovs CERV Mono-

posti von 1960-1964 arbeitete. 1966 wechselte Lapine nach Deutschland zu Opel. Neben der Mitarbeit an den Modellen der späten 1960er und frühen 1970er Jahre erlangte Lapine Berühmtheit durch den Aufbau eines auf 150 PS hochgetunten Opel Rekord, der als „Schwarze Witwe" bekannt wurde. 1969 wurde Lapine der erste externe Designchef von Porsche. In den folgenden zwanzig Jahren definierte er das Design der Frontmotor-Modelle 924 und 928, die eine radikale Abkehr vom Kommenda/ Alexander Porsche-Stil bedeuteten.

Anatole C. Lapine
1930–2012

GM
Opel
Porsche

Porsche 924
Porsche 928

Porsche FLA-Studie, 1973

Porsche 928, 1977

Porsche 924, 1975

Lawson studierte an der Cleveland School of Art Bildhauerei und Illustration. Nach seinem Abschluss machte er sich als Werbegrafiker selbstständig und arbeitete für Greyhound. Es folgte ein kurzes Intermezzo bei GM, bevor Lawson 1940 zur Briggs Manufacturing Company ging. Während des Krieges illustrierte Lawson Broschüren für die Armee in GM-Diensten. Direkt nach dem Krieg begann er mit den Designs für Preston Tuckers Projekt „Torpedo". Neben Zeichnungen fertigte er auch ein Tonmodell an. Nach dem Zerwürfnis mit Tucker übernahm Alex Tremulis das weitere Design. Lawson stieg wieder bei GM ein und wurde

Studioleiter bei Buick. 1959 ging er zu American Motors und entwarf Concept Cars wie den Cuda 44. 1962 machte er sich selbstständig, bevor er 1969 den Beruf aus gesundheitlichen Gründen aufgab.

George S. Lawson
1907–1988

GM
Briggs
Tucker
AMC

Tucker Torpedo

Tucker Torpedo, 1946

L

Alan H. Leamy
1910–1937

Cord
GM

Auburn Speedster
Cord L29
LaSalle

Leamys erste Station war die Marke Marmon, bevor er zu Cord in Auburn wechselte. Seine ersten großen Entwürfe waren der Cord L29, der Auburn Speedster und die Front des Duesenberg-Modells J. Als Auburn 1933 und 1934 eine Absatzkrise hatte, verpflichtete A. L. Cord Gordon Buehrig als neuen Chefdesigner. Leamy bewarb

sich daraufhin mit einigen Designs bei Packard, doch dort fand man seine Ideen zu radikal. Schließlich wurde Leamy 1936 von Harley Earl für das Design der LaSalles eingestellt; kurz darauf wurde er Studioleiter. Nur ein Jahr später starb Leamy an einer Blutvergiftung.

Cord L29, 1929

LaSalle, 1937

LeBaron Coachbuilders
1920–1952

Chrysler

Chrysler Newport
Chrysler Thunderbolt

LeBaron wurde 1920 von Ramond Dietrich und Thomas L. Hibbard in New York als Karosseriebetrieb für Luxusmodelle und Sonderanfertigungen gegründet. Zum Kundenkreis zählten Hollywoodstars und der internationale Jet Set. 1923 verließ Hibbard die Firma und baute mit Howard Darrin eine neue Firma auf. 1925 machte sich Dietrich selbstständig. Der Designer und Geschäftsführer Ralph Roberts übernahm LeBaron und fädelte eine Übernahme durch den Karosseriehersteller Briggs Manufacturing ein. Mit der zunehmenden Serienfertigung von Luxusmodellen verlegte sich LeBaron nun auf die Anfertigung von Show Cars und Sonderkarosserien

für große Hersteller wie Chrysler und Packard. Die Concept Cars Newport und Thunderbolt von 1941 wurden von LeBaron-Designern (u. a. Alexander Tremulis) entworfen und bei LeBaron gebaut.

Chrysler Imperial Roadster, 1931

Chrysler Newport, 1941

Le Corbusier, (eigentlich Charles Édouard Jeanneret) war ein Schweizer Architekt, der sich in den 1920er und 1930er Jahren intensiv mit Problemen der Stadtplanung und der Mobilität befasste. Beeindruckt von amerikanischen Produktionsmethoden und Lebensbedingungen, dachte er über mobile Häuser, Fließbandfertigung von Baukomponenten und „Wohnmaschinen" nach. Den Wettbewerb einer Zeitschrift für ein „Minimal-Auto" beschickte er 1935 mit Skizzen für ein „Voiture Minimum", einen heckgetriebenen Dreisitzer. Corbusiers Idee ist der zwanzig Jahre später produzierten ISO Isetta verblüffend ähnlich.

Le Corbusier
1887–1965

Voiture Minimum

Voiture Minimum, 1936

Ledwinka studierte an der Bau- und Maschinengewerbeschule Wien und arbeitete ab 1897 für die Nesselsdorfer Wagenbau-Fabriks-Gesellschaft, die 1923 im Ringhoffer-Tatra Konzern aufging. Bereits 1905 war Ledwinka Chefkonstrukteur des Unternehmens und brachte dort zwischen 1911 und 1914 unter anderem die Vierradbremse zur Serienreife. 1917 wechselte Ledwinka zu Steyr, wo er Chefkonstrukteur für die Automobilproduktion wurde. 1921 nahm er ein Angebot der Nesselsdorfer Wagenbau-Fabriks-Gesellschaft an und war bis 1945 als technischer Direktor hauptverantwortlich für die Entwicklung. 1932 konstruierte Ledwinka den sehr modernen Tatra 57, wandte sich danach aber einer neuen Fahrzeugkonzeption zu, der Kombination von Heckmotor und aerodynamischer Karosserie. Sein Modell V570 war vermutlich ein Vorbild für Porsches KdF-Wagen. Durch den Anschluss Tschechiens an das Deutsche Reich 1939 und die gleichzeitige Auftragserteilung für den Bau des KdF-Wagens an Ferdinand Porsche ging Ledwinka als Konstrukteur und Designer leer aus. Nach dem Krieg wurde Ledwinka von der kommunistischen Regierung der ČSSR als Kollaborateur enteignet und in einem Schauprozess zu sechs Jahren Haft verurteilt. Nach Verbüßung der Haft übersiedelte Ledwinka 1954 nach München. Ab 1955 arbeitete er für den Maschinenbauer Harald Friedrich in dessen Firma an dem Kleinwagen Spatz. 1961 zahlte Volkswagen den Rechtsnachfolgern der ursprünglichen Tatra-Eigner Ringhoffer drei Millionen DM als Entschädigung für die Patentverletzungen durch Porsche.

Hans Ledwinka
1878–1967

Steyr
Tatra

Tatra 11, 12, V570, 77, 87

Tatra V570, 1939

Tatra 87, 1940

L

Louis Lucien Lepoix
1918–1998

FTI

Magirus
Henschel
Hanomag
DAF

Lepoix arbeitete nach Kriegsende als Ingenieur bei der französischen Armee in Friedrichshafen und eröffnete 1954 sein Studio für Industriedesign FTI in Baden-Baden. Zu den ersten Entwürfen gehörte die Karosserie des letzten Bugatti, Typ 101; daneben designte Lepoix Motorroller und Kleinstwagen. 1955 begann durch einen Auftrag von Magirus seine Spezialisierung auf Nutzfahrzeuge und LKW. Seit 1959 arbeitete er verstärkt für Henschel, Hanomag und Büssing in Deutsch-

land, aber auch international für Steyr, Saurer, Berliet und DAF. Lepoix wurde einer der wichtigsten Designer für Baumaschinen, Lokomotiven und Traktoren in Europa. Parallel dazu entwickelte und designte er Sanitärprodukte, das berühmte BIC-Feuerzeug, die Kienzle-Parkuhr und das Interior Design der Concorde. Lepoix war einer der produktivsten und erfolgreichsten Industrie- und Transportation-Designer der 1960er und 1970er Jahre.

DAF Sattelschlepper, 1964

Steyr Traktor 760, 1970

Henschel LKW HS 22, 1963

Claude Lobo
1943–2011

Simca
Ford

Ford Ka
Ford Focus

Lobo studierte Technik und Design am Collège Technique Diderot in Paris und der University of Michigan. 1964 begann er bei Chrysler-Simca. 1966 ging er zu Uwe Bahnsens Designteam bei Ford in Köln. 1967 wurde er zum Manager of Exterior Design bei Ford of Europe ernannt und später zum Chefdesigner verschiedener Abteilungen und Programme. 1994 übernahm Lobo die Leitung des Advanced Design Studio von Ford in Dearborn, um dort Zukunftskonzepte zu erarbeiten und die Möglichkeiten des CAD weiter zu entwickeln. 1997 kehrte er zu Ford of Europe als Director of Design zurück und arbeitete in der Folge an der „New Edge Design" genannten neuen Gestaltungslinie von Ford, aus der die Modelle Ford Ka 1, Ford Focus

1 und Ford Puma hervorgingen. 1999 ging er mit 55 Jahren in den Ruhestand und zog nach Südfrankreich, wo er diverse Concours-Veranstaltungen organisierte. Lobo war ein engagierter Rennfahrer, der Anfang der 1970er Jahre gemeinsam mit Klaus Ludwig das 24-Stunden-Rennen am Nürburgring und den Marathon de la Route in einem Ford Capri RS gewonnen hat.

Ford Ka, 1996

Patrick Le Quément
1945

Ford
Renault

Ford Sierra
Renault Twingo, Kangoo, Scénic,
Vel Satis, Avantime

Le Quément studierte am Birmingham Institute of Art & Design und machte 1966 seinen Abschluss. Sein erster Arbeitgeber war Simca; 1968 machte er sich mit dem Kollegen John Pinko selbstständig. Nicht so erfolgreich wie erhofft, kehrte Le Quément zum Automobildesign zurück und begann 1969 bei Ford Köln unter Uwe Bahnsen. Das Ford Sierra-Projekt von 1982 war Le Quéments Durchbruch; das Design wurde international gelobt, der Wagen verkaufte sich gut. 1985 ging er zu Ford USA, um dort auf die Aufgaben als Bahnsens Nachfolger (Head of Design) für Ford Europe vorbereitet zu werden, doch die Arbeitsbedingungen vor Ort und die Aussichten waren für Le Quément enttäuschend. Wieder in Europa, sprach ihn 1986 VW an, ob er die Leitung des VW-Designs übernehmen wolle. Unmittelbar darauf folgte das Angebot von Renault, die

Designabteilung Style Renault nicht nur zu übernehmen, sondern neu auszurichten und auszubauen. Le Quément nahm an und machte aus Style Renault eine Abteilung, die nicht nur das Automotive Design, sondern auch das Corporate Design gestaltete und direkt dem Vorstand berichtete. Er entwickelte eine neue Designsprache für Renault, die dem angeschlagenen Konzern ein neues Image, vor allem aber gute Absätze bescherte: Unter seiner Ägide entstanden die Modelle Twingo, Scenic, Espace III und IV, Kangoo, Laguna II, Mégane II, Clio III. Mit den Oberklassemodellen Avantime und Vel Satis wurden Konzeptstudien produktionsreif, die Renaults Designanspruch unterstrichen. 1999 wurde er Chef der Renault-Nissan Designgruppe. 2009 ging Le Quément in den Ruhestand.

Ford Sierra, 1982

Renault Kangoo, 1998

Renault Vel Satis, 2002

Renault Avantime, 2002

Raymond Loewy
1893–1986

R.L.A.

Hupp
Studebaker
Rootes
Austin

Loewy wanderte nach dem ersten Weltkrieg von Frankreich in die USA aus und begann dort, als Modeillustrator und Werbegrafiker zu arbeiten. Mit der Zeit ergaben sich Aufträge für Corporate Designs, Logos und Interior Designs für Warenhäuser. 1928 beauftragte ihn der britische Unternehmer Gstettner, seinen international vertriebenen Bürokopierer zu überarbeiten. Der 1929 erschienene Gestettner-Kopierer war nicht nur Loewys erster Auftrag als Industriedesigner, sondern auch ein Erfolg, der ihm ein neues Geschäftsfeld eröffnete. Loewy gründete Raymond Loewy Associates (R.L.A.), ein Büro für Industriedesign, das rasch wuchs. Zu seinen Kunden gehörten zu Beginn der 1930er Jahre große amerikanische Unternehmen wie Westinghouse, Sears Roebuck, Pennsylvania und Northern Pacific Railroad und der Autohersteller Hupp. Nachdem Hupp in finanzielle Schwierigkeiten gekommen und von Nash übernommen worden war,

konnte Loewy 1935 einen langjährigen Beratervertrag mit Studebaker schließen, für die er ein eigenes Studio in South Bend einrichtete. Loewy war nicht nur ein hervorragender Geschäftsmann und Selbstdarsteller, sondern auch ein guter Talentscout. Viele der erfolgreichen Automobildesigner der 1930er bis 1960er Jahre arbeiteten für Loewys Firma R.L.A.: *Helen Dryden, Gordon Buehrig, Virgil Exner, Albrecht von Goertz, Bob Koto, Dick Caleal*, um nur einige zu nennen. Da die Urheberrechte und die Publicity für die Designs immer an Loewy gingen, verließen viele Designer das Studio frustriert nach wenigen Jahren. Die vielgerühmten Designs für Studebaker aus den Jahren 1952–1960 beispielsweise stammen nur marginal von Loewy selbst; er hat erst mit dem Modell Avanti von 1963 seine Vorstellung vom amerikanischen GT verwirklicht. Neben Studebaker versuchte Loewy mit Show Cars und Custom Cars, die er sich privat anfer-

Hupmobile, 1939

S-1 Lokomotive der Pennsylvania Railroad, 1939

tigen ließ, Aufträge von BMW, Jaguar oder Lancia zu bekommen, allerdings ohne Erfolg. Neben *Harley Earl* muss man Loewy als zweiten Gründervater des Industrial Design hervorheben. Sowohl in den Arbeitsmethoden, z.B. bei der Verwendung von Tonmodellen statt 2-D-Zeichnungen, als auch bei der Studioorganisation sind beide parallele Wege gegangen. In seinen bereits 1951 erschienenen Memoiren beschreibt Loewy sehr erhellend die Situation der USA in den 1920er Jahren und den Beginn der Disziplin Industrial Design. Das Buch wurde ein weltweiter Erfolg, Loewy schaffte es auf die Titelseiten der wichtigsten Magazine. In Deutschland waren

den Designern mit Bauhaus-Prägung Loewy und sein Erfolg suspekt. Sein (schlecht übersetzter) Buchtitel *Hässlichkeit verkauft sich nicht* wurde als Beleg für die angeblich rein kosmetische Formgebung in den USA genommen. Ursprünglich hieß sein Buch jedoch *Never leave well enough alone* und formulierte ein Design-Ethos, das im Kern der funktionalistischen Schule durchaus ähnlich war. Loewy hat Logos, Corporate Designs, Industrial Design, Transportation und Interior Designs hinterlassen, die zum großen Teil noch Jahrzehnte nach ihrem Debut Teil der visuellen Produkt- und Popkultur geblieben sind.

Greyhound-Scenicruiser Bus, 1954

Studebaker Commander, 1953

Hillman Minx, 1951

Studebaker Avanti GT, 1963

L

Claus Luthe
1932–2008

NSU
BMW

NSU Prinz
NSU Ro 80
VW K70
BMW E28, E30, E32, E34

Luthe machte eine Ausbildung zum Karosseriebaumeister und arbeitete bei der Firma Voll in Würzburg, wo er Omnibusaufbauten entwarf. Nach einem kurzen Abstecher bei Fiat Neckar in Heilbronn, wo er die Front des Fiat Nuova 500 designte, ging Luthe zu NSU, wo er Mitte der 1960er Jahre eine Designabteilung aufbaute und diese ab 1967 leitete. Während dieser Zeit entwarf er den NSU Prinz 4 und den NSU Prinz 1000. Sein erstes bahnbrechendes Design wurde der Wankelmotor-getriebene NSU Ro 80, dessen Entwicklung bereits 1964 begann. Nach der Übernahme von NSU durch VW war Luthe verantwortlicher Designer für den NSU/VW K70, den

Audi 50/VW Polo und das Interieur des Audi 100. 1974 wechselte Luthe zu BMW und wurde in der Nachfolge von Paul Bracq Designchef. Dort kümmerte er sich nicht nur um Autos, sondern auch um die Motorräder: Die BMW R 80 und die K-Modelle K100 und K1100 RS beschritten neue Wege im Motorraddesign. Bei BMW war Luthe an der Gestaltung von mehreren 3er-, 5er- und 7er-Generationen beteiligt, von Überarbeitungen der bestehenden Linien bis zu umfassenden Neuentwicklungen. Viele BMW-Designs entstanden in Zusammenarbeit mit Ercole Spada, der von 1977 bis 1986 ebenfalls bei BMW arbeitete. Luthe ging 1990 in den Ruhestand.

NSU Ro 80, 1967

VW K70, 1970

BMW E32, 1990

134

William Lyons
1901–1985

Swallow Sidecars SS
Jaguar

SS Jaguar
Jaguar MK 1/2
Jaguar S-Type/420
Jaguar XJ6

Lyons absolvierte ein Abendstudium in Maschinenbau an der Technischen Fachschule Manchester. Er jobbte als Autoverkäufer und fuhr Motorradrennen. 1922 gründete Lyons mit William Walmsley die Swallow Sidecar Company, die Motorrad-Beiwagen produzierte. 1927 entstand die erste Autokarosserie, in den folgenden Jahren wurden Kleinserien von Limousinen auf der Basis verschiedener Hersteller produziert. 1931 stellte Lyons das erste komplett selbst entwickelte Auto vor, dessen Chassis die Firma Standard für ihn fertigte, den S.S.1. 1933 gründete Lyons die S.S. Cars Ltd. und baute in den folgenden Jahren verschiedene zwei- und viersitzige, offene und geschlossene Varianten. Mit einem umkonstruierten Standard-Motor lieferten die S.S. ab 1935 nun auch sportliche Leistungen auf Straße und Rennstrecke; das Spitzenmodell wurde in der Werbung „Jaguar" getauft. 1945 firmierte S.S. Cars Ltd.

in Jaguar Cars Ltd. um. 1948 stellte Lyons den Sportwagen XK 120 mit neu entwickelter Maschine und extravaganter, von Talbot-Lago und Bugatti inspirierter Form vor; mit einer Höchstgeschwindigkeit von 193 km/h war der XK 120 der schnellste Sportwagen seiner Zeit. Die daraus hervorgehenden C-Type-Rennwagen machten Jaguar mit Siegen in Le Mans 1951 und 1953 weltweit bekannt. Jaguar-Modelle kosteten weniger als die Konkurrenten und sahen in den Augen vieler Zeitgenossen eleganter aus, was bei den Limousinen das Verdienst von Lyons war, der sich auch um deren Design kümmerte, während die Sport- und Rennwagen von dem Aerodynamiker Malcolm Sayer gezeichnet wurden. Lyons letzter Entwurf, der XJ6 von 1968, galt und gilt vielen Journalisten und Designern als eine der am besten aussehenden Limousinen der 1960er und 1970er Jahre.

Jaguar XK120, 1949

Jaguar MK 2, 1959

Jaguar MK X/420 G, 1963

Jaguar XJ, 1968

M

Edward Macauley
1896–1973

Packard

Packerd One-Twenty
Packard Clipper

Macauley war der Sohn des Präsidenten von Packard, James Alvan Macauley. 1929 wurde er Chef der Karosserieabteilung, um für die Oberklasse-Packards eigene Karosserieentwürfe zu entwickeln. Zu seinem Stab gehörten Werner Gubitz und Ray Dietrich. Nach Dietrichs Ausscheiden 1931 stellte Macauley Alexis de Sakhnovsky ein. Als kleiner Hersteller hatte Packard mit vielen Problemen zu kämpfen, die sich auf die Personalpolitik und damit auch auf das Design der Fahrzeuge auswirkten. Macauley versuchte, den technischen Anspruch der Marke mit einer entsprechenden Designsprache zu unterstreichen, indem er erfahrene Designer einstellte; Macauley verstand sich mehr als Designmanager denn als operativer Designer. Als Gubitz 1947 ging, machte Macauley John Reinhart zum Chefdesigner. Wie schon die Serien Twelve und One-Twenty waren auch die vielen Clipper-Modelle modern in der Gestaltung und wurden 1948 mit einem Designpreis ausgezeichnet. 1952 verließ John Reinhart das Unternehmen, sein Nachfolger wurde Richard Teague. 1955 ging Macauley in den Ruhestand.

Packard, 1937

Clare MacKichan
1918–1996

GM
Opel

Chevrolet Corvette 1953
Chevrolet Corvette 1970

MacKichan war seit 1952 Chef des Chevrolet-Designstudios und verantwortlich für die europäisch inspirierten Linien des Chevrolet Bel Air. Seit 1953 arbeitete er mit Harley Earl am Sportwagenprojekt Corvette, dessen erstes Design MacKichan überwachte. Mac Kichan leitete auch die Arbeiten am Corvette-Kombi Nomad, dessen Basisdesign von dem jungen Designer Carl-Heinz Renner stammte. Ende der 1950er Jahre arbeitete Mac Kichan am Stingray Racer. 1962 wurde er zu Opel Rüsselsheim als Designdirektor entsandt; gemeinsam mit Chefdesigner Erhard Schnell baute er ein Designzentrum nach Detroiter Vorbild auf. Opel war damit der erste europäische Hersteller, der das Design aus der Karosserieentwicklung auslagerte und zu einem eigenen Zentralbereich ausbaute. MacKichan blieb bis 1967 bei Opel und stieß die Designoffensive für viele Modelle bis zum Opel GT an. 1969 wurde er erneut Chefdesigner des Corvette-Studios.

Chevrolet Bel Air, 1955

Opel Rekord A, 1963

Strother MacMinn
1919–1998

Hudson
GM
Opel
Toyota

Opel Kapitän 1939

MacMinn begann als Stylist bei Hudson unter Frank Spring. 1936 wechselte er in das Buick-Studio von GM mit Frank Hershey als Chef. 1937 baute GM eine Stylingabteilung für Opel auf; MacMinn und Frank Hershey begannen gemeinsam mit Hans Mersheimer den für 1939 geplanten Opel Kapitän mit selbsttragender Karosserie zu designen. Es flossen Elemente des von Buehrig gezeichneten Cord ein, aber auch von Earls Buick Y-Job Concept Car; die in die Kotflügel integrierten Scheinwerfer waren in Europa eine Sensation. MacMinn arbeitete danach für Greyhound, im Oldsmobile-Studio und für eine lange Reihe verschiedener Kunden in eigenem Namen. Seit 1948 unterrichtete MacMinn am Art Center College Pasadena Transportation Design – mit 41 Jahren Lehrtätigkeit war er einer der einflussreichsten Ausbilder im Automobildesign. 1973 gründete er ein Designstudio, das bis 1984 speziell für Toyota Konzepte entwickelte.

Opel Kapitän Cabriolet, 1939

MacMinn beim Unterricht am Pasadena Art Center College, 1960

Harris Mann
1938

Ford
British Leyland

BMC Marina
BL Allegro
BL Princess
Triumph TR7

Mann studierte Kraftfahrzeugtechnik und Karosseriebau und arbeitete dann beim Bus- und LKW-Hersteller Duple. Danach ging er für ein halbes Jahr zu R.L.A. in die USA. Zurück in England arbeitete Mann beim Nutzfahrzeughersteller Commer, 1962 begann er als Designer bei Ford in Dagenham. Dort arbeitete er am Design des ersten Escort und Capri mit. 1967 überredete Fords Chefdesigner Roy Haynes Mann, mit ihm zur neu aufgestellten Designabteilung von BMC in Oxford zu wechseln. Dort arbeitete Mann am BMC Marina. Als BMC zu British Leyland umstrukturiert wurde, verließ Haynes den Konzern und Mann wurde neuer Designchef. Er designte den Allegro und den Princess, schließlich den Triumph TR7. Vor seinem Ausscheiden 1983 entwickelte er Ideen für den Mini-Nachfolger Metro, allerdings wurde innerhalb des Konzerns das Konzept der Rover-Designabteilung favorisiert. Danach arbeitete Mann als freiberuflicher Designer, u. a. für die BMW-Rover Group am MG Rover, der MG Z-Serie und an Concept Cars. Mann lehrte außerdem Design an der Coventry University.

Triumph TR7, 1975

Austin Princess, 1975

M

Piero Manzoni/
Pio Manzù
1939–1969

Autonova
Fiat

Autonova GT
Autonova Fam
Fiat 127

Manzoni (lombardisch: Manzù) studierte ab 1960 Design an der HfG Ulm. Entgegen der Doktrin der Hochschule, die das Design von Autos als Styling verdammte, gründete er gemeinsam mit seinen Studienkollegen Michael Conrad und Henner Werner 1962 das Designteam autonova. 1964 folgte die Abschlussarbeit an der HfG mit dem Design für einen Traktor. 1963 präsentierten Manzù und seine Kollegen eine Studie auf Austin-Healey-Basis; 1965 folgten der Kompaktvan autonova Fam und das

Coupé autonova GT (in Zusammenarbeit mit dem Motorjournalisten Fritz B. Busch). Nach seinem Abschluss 1965 entwarf Manzù im Auftrag von Magirus-Deutz einen Bus für die Hamburger Verkehrbetriebe und wurde freier Designberater für Centro Stile Fiat, Piaggio, Olivetti und Kartell. Ab 1967 war Manzù verstärkt für Fiat tätig und designte das City Taxi, ein Coupé für Autobianchi (beide nicht in Serie gegangen), vor allem aber den modernen Kleinwagen Fiat 127. Manzù starb völlig unerwartet 1969.

Fiat 127, 1970

Autonova GT, 1965

Bob Marcks
1929

Ford
R.L.A.
Chrysler

Studebaker Starliner
Ford Thunderbird '64
Ford Galaxie '63
Chrysler Imperial

Marcks studierte Industrial Design am Art Center College Pasadena und ging nach seinem Abschluss 1952 zu Ford. Er wechselte 1953 zu R.L.A. und arbeitete an der Studebaker Starliner-Flotte mit. Nach kurzer Selbstständigkeit kam er 1956 zu Ford

zurück und blieb in der Designabteilung bis 1961. Marcks gründete die Designberatung Marcks, Hazelquist, Powers, die als externe Designer an den letzten Studebaker-Modellen für die Jahre 1966/67 arbeiteten. Ab 1973 designte Marcks bei Chrysler für die Luxusmarke Imperial und die LeBaron- und Cordoba-Modelle. 1977 wurde er Chefdesigner der Special Vehicles und wechselte ab 1984 in das Chrysler-Marketing. 2008 machte sich Marcks erneut selbstständig.

Ford Galaxie, 1963

Ford Thunderbird, 1964

Chrysler Cordoba, 1977

Paolo Martin
1943

Michelotti
Bertone
Pininfarina
Ghia
Paolo Martin Design

Triumph Spitfire
Fiat 130 Coupé
Lancia Beta Montecarlo
Peugeot 104
Rolls-Royce Camargue

Im Alter von 17 Jahren begann Martin bei Giovanni Michelotti, dessen Studio Anfang der 1960er Jahre zu den erfolgreichsten Büros der Scuola Italiana gehörte. 1967 ging Martin zu Bertone, von dort zu Pininfarina (1968) und leitete schließlich von 1973 bis 1976 das Centro Stile von Ghia. Damit hatte er in den vier wichtigsten Designstudios Italiens gearbeitet. Paolo Martins Aufstieg begann als Chefdesigner bei Pininfarina ab 1967 unter der Patronage von Sergio Pininfarina und Chefkonstrukteur Renzo Carli. Martin wurde der Mann für die Konzeptautos, die Pininfarinas Ruhm als innovativste Designschmiede begründen und festigen sollten: der Ferrari Dino Berlinetta Competizione, der Ferrari Sigma GP und der Ferrari 512 Modulo. An den einflussreichen Studien BLMC 1800 und BMLC 1100, die das Prinzip der Fließhecklimousine durchsetzten, hat Martin gemeinsam mit Leonardo Fioravanti gearbeitet. Zu den Alltagsautos, die aus seiner Feder stammen, gehören der Alfa Romeo 33 Roadster und der Peugeot 104. Weitere Höhepunkte sind der Rolls-Royce Camargue, der Lancia Beta Montecarlo und das Fiat 130 Coupé. Martin dürfte der einzige Designer sein, der sowohl für Ferrari als auch für Rolls-Royce designte. Nach einem kurzen Intermezzo bei Ghia machte sich Martin 1976 selbstständig. In seinem Studio entstanden neben Automobilkonzepten Designs für Motorräder, Flugzeuge, Boote, Züge und Elektrogeräte – der Standardföhn in italienischen Hotels ist ebenfalls sein Entwurf.

BLMC 1900 Aerodinamica, 1969

Lancia Beta Montecarlo, 1975

Fiat 130 Coupé, 1975

Rolls-Royce Camargue, 1977

Franco Martinengo
1910–2001

Pininfarina

Alfa Romeo Duetto

Martinengo studierte Kunst und Architektur in Turin und trat 1928 als Designer und Konstrukteur bei Stabilimenti Farina in Turin ein. Als sich die Brüder Farina 1930 trennten, ging Martinengo mit Battista Farina zu dessen Carrozzeria Pininfarina. Von 1952 bis 1972 war er Direktor des Centro Stile bei Pininfarina und in dieser Funktion an vielen ikonischen Pininfarina-Designs beteiligt (der Alfa Romeo Duetto Spider gilt als sein Meisterwerk), aber auch an der Ausbildung vieler Pininfarina-Designer wie z. B. Aldo Brovarone. Martinengo wurde 1972 Direktor für Forschung und Entwicklung und 1976 für Fertigungsqualität. Neben seiner Arbeit bei Pininfarina war Martinengo als Künstler tätig.

M

Tsutomu Matano
1950

GM
BMW
Mazda

Mazda Miata MX-5
Mazda RX-7

Matano studierte zunächst Ingenieurwesen in Japan, wanderte 1970 nach Amerika aus und studierte von 1971 bis 1974 Transportation Design am Art Center College of Design Pasadena. Im Anschluss wurde er Designer im Oldsmobile-Studio und arbeite an der

Mazda MX-5 Miata, 1990

Form des 1976er Cutlass mit. Es folgten Engagements bei Volvo und BMW (E-36 3er-Serie). 1983 wurde Matano Chefdesigner bei Mazda North America. Dort entwickelte er seine berühmtesten Designs, den Mazda Miata MX-5 und den RX-7. Matano wurde in den folgenden Jahren bis 2002 Designchef und Vice President von Mazda Nordamerika, Europa und Japan. Seit 2002 unterrichtete er Industrial and Transportation Design an der Art Academy University in San Francisco.

Yoshihiko Matsuo
1940

Nissan

Datsun 240Z

Über Matsuo ist, wie bei japanischen Automobildesignern üblich, nicht viel bekannt. Die Informationspolitik japanischer Konzerne stellte Teams in den Vordergrund, keine Individuen. Matsuo bekam 1965 als Chef des

Nissan-Designstudios 4 (Sportwagen) den Auftrag, einen neuen Zweisitzer zu entwickeln. Daraus entstand der in den USA extrem erfolgreiche Datsun 240Z.

Duncan McRae
1919–1984

Kaiser-Frazer
Studebaker-Packard
Ford

Studebaker Lark
Ford Taunus P7

Nachdem McRae als Student einige Sommer in der Modellierabteilung bei Ford ausgeholfen hatte, bekam er 1949 einen Job als Designer bei Kaiser-Frazer und war mit der Entwicklung des 1951er Kaiser befasst. 1955 wechselte er als Chefdesigner zu Studebaker-Packard. Dort leitete er das Design für die Modelle Packard Hawk von 1958 und Studebaker Lark von 1959, deren Verkaufserfolg für die Marke sehr wichtig war. 1960 verließ McRae den Konzern und ging zur

Curtiss-Wright Corporation. Ein Jahr später gründete er seine eigene Designberatung. 1964 wurde er Designer bei Ford in Dearborn und kurz darauf nach England geschickt, um am Design des Cortina Mk2, Escort und Capri mitzuarbeiten. 1967 wechselte er zu Ford Köln als Chefdesigner für den Taunus 17/20M. Kurz nach seiner Rückkehr in die Vereinigten Staaten wurde er 1969 Designchef von Ford Australien. 1975 ging er in den Ruhestand.

Studebaker Lark, 1960

Ford Taunus 17/20M, 1966

Hans Mersheimer
1905–1970

Opel

Opel Kapitän 1939
Opel Kadett A
Opel Diplomat A

Mersheimer begann 1920 eine Ausbildung als Schlosser bei Opel; 1924 absolvierte er zusätzlich ein Maschinenbaustudium und schloss als Ingenieur ab. Es folgte eine weitere Ausbildung zum Karosseriebaumeister. 1930 kehrte Mersheimer zu Opel als Assistent der Abteilung Karosserieentwicklung zurück. Seine ersten großen Projekte waren in den 1930er Jahren die Modelle Kadett und Kapitän, die ersten selbsttragenden Konstruktionen von Opel. Gestalterisch wurde er von Designern des GM Styling unterstützt (Strother MacMinn, Frank Hershey). Nach dem Krieg stieg Mersheimer zum Abteilungsleiter in der Karosseriekonstruktion auf und damit faktisch zum Chef der Designabteilung bis zu deren Neuausrichtung 1964 durch MacKichan. Seit 1959 war Mersheimer Chefingenieur und damit Vater aller Opel-Entwicklungen für das folgende Jahrzehnt. Vor allem die Oberklasse-Modelle und die sportlichen Opel gehen auf seine Initiative zurück.

Opel Dlplomat A, 1966

Opel Kadett A, 1964

Wilhelm Meyerhuber
1888–1978

Opel
BMW

BMW 328
BMW Mille Miglia Roadster
BMW 337/335 (geplant)

Meyerhuber stammte aus einer Karlsruher Künstlerfamilie und studierte wie sein Vater Malerei. Seine Designerkarriere begann er bei Opel, darauf folgte ein kurzer Aufenthalt in den USA mit einem Gastspiel in der GM-Designabteilung. 1937 begann Meyerhuber bei BMW in München und formulierte kurz darauf das Konzept der „Künstlerischen Gestaltung", die das Design als unabdingbaren Prozess in die Automobilproduktion einbezog. Jetzt zahlte sich Meyerhubers Erfahrung aus dem GM-Styling aus: Man arbeitete nun nicht mehr allein mit Zeichnungen, sondern mit Plastilin an 1:5- und 1:1-Modellen. In den Jahren 1939–1942 entstanden die interessantesten Designs unter Meyerhubers Leitung, die schon auf die Nachkriegsproduktion ausgerichtet waren und moderner waren als der BMW 501 von 1952. Zu den großen Leistungen Meyerhubers zählt neben dem Typ 328 der Mille Miglia Roadster von 1940. Nach Kriegsende ging Meyerhuber nach Karlsruhe zurück und arbeitete als Kunstmaler.

BMW 327/328, 1938

M

Giovanni Michelotti
1921–1980

Farina
Eigenes Studio

BMW 700
BMW „Neue Klasse" 1500, 2000
Triumph TR 4, Herald, Vitesse, 1200,
2000, Dolomite, Spitfire, GT 6
Leyland Trucks
DAF 44, 55, 66
VW 1200 Ghia Aigle
Fiat 1200 Alemanno
Cunningham GT
Maserati 3500, 5000
Alfa-Romeo 2000 Vignale
Nardi 750 ND
Abarth 2400
Alpine A 106
Reliant Scimitar SS 1

Mit 15 Jahren verließ Michelotti die Schule, um eine Lehre bei Stabilimenti Farina zu machen. Bereits Michelottis Vater war im Automobilbau beim Hersteller Itala beschäftigt. Bei Farina entdeckte man Michelottis Zeichentalent und Michelotti seine Fähigkeiten als Designer. Sein erster eigener Entwurf für den Lancia Astura 1938 blieb noch ein Projekt. 1947 wurde der Alfa Romeo 6C 2500 nach seinen Entwürfen gebaut. Bereits zwei Jahre später machte sich Michelotti selbstständig und arbeitete für Bertone, Ghia, Allemano und Vignale. Mit Alfredo Vignale verband ihn eine lebenslange Geschäftspartnerschaft und Freundschaft, ebenso mit seinem Kollegen Pietro Frua. Mit dem Beginn der 1950er Jahre entwarf Michelotti unter eigenem Namen für Maserati, Lancia, Alfa Romeo und Ferrari: Die Modelle 212 Inter und 340 Mexico Coupé, Maserati 3500 GT, Lancia Aurelia und Alfa Romeo Giulietta Sprint Veloce entstanden. Schon damals galt

Michelotti als einer der schnellsten Designer seiner Zunft, viele Designs entstanden quasi über Nacht. Ende der Fünfzigerjahre gelang es ihm, zum Hausdesigner verschiedener Hersteller aufzusteigen; sein erster großer Auftraggeber war Standard Triumph. Michelotti zeichnete fast alle Modelle der 1960er Jahre: Herald, Spitfire, GT 6, TR 4, Stag und Dolomite. In Deutschland versicherte sich BMW der Dienste Michelottis. Nach dem „Firmenretter", dem Kleinwagen BMW 700, gestaltete er entscheidend die „Neue Klasse" BMW 1500, 2000 und 2002 mit. Auch japanische Hersteller wie Hino und Daihatsu beauftragten Michelotti schon in den 1960er Jahren, außerdem DAF, Fiat und Ford. Michelotti designte auch Lastwagen, Busse und Lieferwagen; insgesamt werden ihm fast 1200 Designs zugerechnet. Nach Giugiaro und Pininfarina sind von keinem Designer mehr Entwürfe in Produktion gegangen als von Michelotti.

Michelotti beim Entwurf des DAF 44, 1960

LKW-Kabine für British Leyland, 1968

Studie DAF Siluro, 1966

BMW 700, 1959

Triumph Spitfire GT 6, 1966

William L. Mitchell
1912–1988

GM

Cadillac 60
Buick Riviera
Chevrolet Corvette Stingray
Cadillac Eldorado
Pontiac Grand Prix
Chevrolet Impala
Chevrolet Camaro
Cadillac Seville

Mitchell studierte Technik und angewandte Kunst in Pittsburgh und New York und arbeitete als Illustrator und Art Director in einer New Yorker Werbeagentur, u.a. für die britische Marke MG. Er war außerdem Illustrator des 1931 gegründeten Automobilrennsportclubs ARCA. Ein Gast des Clubhauses sah die Illustrationen und empfahl Mitchell, Zeichnungen an Harley Earl zu schicken. Earl verpflichtete Mitchell 1935 für die GM-Designabteilung. Ein Jahr später war Mitchell bereits Desgnchef im neu gegründeten Cadillac-Studio, wo er seinen ersten Erfolg mit dem Cadillac 60 Special feierte. 1954 wurde er zum Director of Styling befördert, 1958 folgte er Earl als zweiter Vice President in der Geschichte von GM nach. Mitchell verschlankte das chrombeladene, Heckflossen-verliebte Design der Earl-Ära und begründete Anfang der 1960er Jahre eine neue Designsprache. Dazu trugen der Buick Riviera und der Chevrolet Corvette Stingray

(Split Window) von 1963 bei. Auch wenn Mitchell nach 1956 nicht mehr am Zeichenbrett stand, gab es einige GM-Modelle, die als „persönliche" Entwürfe gelten können: Neben dem Buick Riviera und der Chevrolet Corvette gehören der 1967er Cadillac Eldorado, der 1970er Chevy Camaro, der 75er Cadillac Seville und der 1977er Chevy Impala dazu. Mitchell war ein streitbarer und schwieriger Charakter, ein gefürchteter Chef und unbelehrbarer Macho; Automobildesign war für ihn eine männliche Domäne. Auf sein Betreiben hin wurde 1968 die Fisher Body Craftsmanship beendet, weil er fürchtete, neben afro- und hispano-amerikanischen Jungen würden bald auch Mädchen am Wettbewerb teilnehmen können. Mitchell ging 1977 in den Ruhestand, nicht ohne vorher im Magazin *Der Spiegel* über seine Kollegen von Mercedes-Benz Spott auszugießen: Antiquiert und verkalkt sei das Design der Stuttgarter Marke.

Pontiac Grand Prix, 1963

Chevrolet Corvette Stingray, 1964

Buick Riviera, 1963

M

Wolfgang Möbius
1938–2013

Opel
Porsche

Opel Rekord C
Porsche 928
Porsche 933
Porsche Boxster

Möbius arbeite ab 1962 im neu geschaffenen Designstudio von Opel unter MacKichan und später Anatole Lapine. Während dieser Zeit war er mit den Mittelklasse-Limousinen befasst, entwickelte aber auch Sportwagenkonzepte. Als Lapine 1969 als Designchef zu Porsche wechselte, nahm er Möbius als Chefdesigner mit. Die verschiedenen Ideen für Opel-Sportwagen formulierte Möbius ab 1971 für den als 911-Nachfolger geplanten Typ 928 um. Möbius blieb auch unter Lapines Nachfolger Lagaay Chefdesigner, bis er im Jahr 2000 in den Ruhestand wechselte.

Porsche 928, 1977

Carlo Mollino
1905–1973

Nardi
Bisiluro

Mollino schrieb sich nach der Schule für einen Lehrgang an der Ingenieursfakultät ein, wechselte dann auf das neu gegründete Istituto Superiore di Architettura in Mailand, wo er zuerst Kunstgeschichte, später Architektur studierte. 1931 machte er sein Diplom und begann im Architekturbüro des Vaters zu arbeiten. Mollino war vielseitig begabt, arbeitete als Architekt, Möbeldesigner, Fotograf, Modedesigner, Bühnenbildner und Essayist, fuhr Autorennen, war Kunstflieger und galt in den 1940er Jahren als bester Skiläufer Italiens. Nach Erfolgen als Architekt und Möbeldesigner begann Mollino in den 1950er Jahren, auch Autos zu entwerfen; für die Firma O.S.C.A. der Maserati-Brüder designte er eine Stromlinienkarosserie, mit der er 1953 am Le Mans-Rennen teilnahm. Mollinos bekanntestes Automobil dürfte der Nardi Bisiluro (= Doppeltorpedo) sein, den er in Zusammenarbeit mit Mario Damonte für die 24 Stunden von Le Mans 1955 entwarf. Nach sechs Runden wurde der extrem leichte Wagen infolge der Touchierung durch einen Jaguar von der Strecke gefegt. Aufsehenerregend waren viele Promotion-Fahrzeuge, die Mollino für den italienischen Energiekonzern AGIP entwarf – Messestände auf Rädern, die perfekt in die Formensprache der Mailänder Triennale-Ausstellungen der 1950er Jahre passten. Mollinos Entwürfe verarbeiten biomorphe Formen, sein Design ist von Futurismus und Surrealismus beeinflusst.

Nardi Bisiluro-Rennwagen, 1955

„Nube d'Argento/Silberwolke"

Werbebus für Agipgas, 1957

Hans A. Muth
1935

Ford
BMW

Capri 1
Studie Berliner
BMW R 90 S, R 100 RS
Suzuki Katana

Nach einer Ausbildung zum Werkzeugmacher studierte Muth Gebrauchsgrafik und Design. Seine ersten Aufträge waren Illustrationen für Automobil-Kataloge verschiedener deutscher Hersteller. Für die Motor-Zeitschriften eines großen Verlags zeichnete er Designvorschläge zeitgenössischer Sportwagen. Das verschaffte Muth 1965 eine Stelle als Designer bei Ford Köln. Nach einem Aufenthalt bei Ford USA arbeitete Muth im Kölner Ford-Studio am Capri 1. 1968 wurde das von ihm designte Micro Car Berliner mit Elektroantrieb vorgestellt. 1971 wechselte Muth zu BMW und übernahm als Chefdesigner das Interior Design, später das Motorrad-Design. 1980 ging Muth nach Japan, wo er zehn Jahre lang für verschiedene Unternehmen Motorräder (Suzuki), Autos (Mazda Miata MX-5), Kameras, Fernsteuerungen (Tamiya), Uhren und Hubschrauber entwarf. Danach wechselte er als Dozent an das Art Center College of Design (ACCD) in die Schweiz.

Ford Berliner City Car, 1968

John Najjar Ferzely
1918–2010

Ford

Lincoln Continental
Lincoln Futura
Mercury XM-800
Ford Mustang Concept Car

Nach seiner High-School-Zeit begann Najjar 1935 eine Ausbildung bei Ford in der Produktionsabteilung. Als ihn der zufällig dort anwesende Henry Ford fragte, ob er mit seinem Job zufrieden sei, antwortete Najjar, er würde lieber Autos entwerfen als sie zusammenzubauen. Daraufhin versetzte ihn Ford in die gerade entstehende Designabteilung unter Eugene Gregorie und Edsel Ford. Bis zu seiner Pensionierung 1979 war Najjar Chefdesigner verschiedener Ford-Studios, vor allem aber mit dem Design von Concept- und Experimentalfahrzeugen betraut. Während des Zweiten Weltkriegs arbeitete Najjar auch am M4A3 Sherman Panzer und am B-24 Bomber mit. Bekannt wurde Najjar durch die Experimentalfahrzeuge von Ford in den „Stylerama"-Shows der 1950er Jahre: der Mercury XM-800 und der Lincoln Futura, aus dem einige Jahre später das erste Batmobile abgeleitet wurde. In den Jahren zwischen 1955 und 1960 überwachte Najjar das Design der Lincoln-Continental-Modelle. 1962 designten Najjar und Bill Schmidt die erste Studie für den Ford Mustang, damals noch als Mittelmotorkonzept.

Ford Mustang Concept, 1962

Lincoln Futura, 1955

Dick Nesbitt
1946

Ford

Lincoln Continental Mk 5
Ford Mustang II

Von 1967 bis 1971 absolvierte Nesbitt ein Designstudium am Art Center College Pasadena. Danach begann er im Lincoln und Mercury Advanced Design Studio. Anfang der 1970er Jahre arbeitete er am Programm des Lincoln Continental Mk 5. Später wechselte Nesbitt in das International Design Studio, wo er verschiedene Projekte gemeinsam mit Ghia organisierte. Nesbitt entwarf den Ford Caroussel Van, überarbeitete das Design des Ford Bronco und war am Design des Ford Mustang II maßgeblich beteiligt. 1980 machte er sich als Designberater selbstständig. Für Chrysler entwarf er ein Konzeptauto, aus dem die Voyager-Serie hervorging.

Ford Mustang II, 1974

Ernst Neumann-Neander
1871–1954

Neander Fahrmaschine

Neumann (der Zweitname Neander ist die Übersetzung von „Neumann" ins Griechische) studierte in Kassel, München und Paris Malerei. Er arbeitete zunächst als Karikaturist und Werbegrafiker. 1903 folgte ein fünf Jahre währender Aufenthalt in Paris, der ihn sowohl mit der Automobilbranche als auch den aktuellen Kunstströmungen zusammenbrachte. 1908 gründete Neumann in Berlin die Werbe- und Illustrationsagentur Ateliers Neumann, die sich vor allem an Autohersteller richtete. Zusätzlich betätigte er sich als Karosserieentwerfer; 1914 war Neumann auf der Werkbundausstellung in Köln mit mehreren Arbeiten vertreten. Im gleichen Jahr veröffentlichte er den Aufsatz „Die Architektur der Fahrzeuge", eine Grundlegung des Automobildesigns. Ab 1918 begann seine Tätigkeit als Konstrukteur von Motorrädern und sogenannten „Fahrmaschinen", einer Mischung aus Motorrad, Drei- und Vierrad.

Neander-Fahrmaschinen, 1924

Ned Nickles
(?)

GM

Cadillac 62
Chevrolet Corvair
Buick Riviera

Nickles erste Erwähnung als Designer bei GM ist mit den berühmten Nachkriegs-Cadillacs mit Heckflossen verknüpft, designt im Team von Frank Hershey. 1954 wurde Nickles Chefdesigner im Buick-Studio und entwarf das Showcar Buick Wildcat II. Später wechselte Nickles zu Chevrolet; unter seiner Leitung entstand die Form des ersten Chevrolet Corvair von 1960. Danach ging Nickles wieder zu Buick und entwarf unter Bill Mitchells Leitung den Buick Riviera von 1962.

Chevrolet Corvair, 1962

North studierte von 1953 bis 1959 am Art Center College Industrial Design und begann seine Laufbahn bei GM. Sein erster spektakulärer Entwurf war der Pontiac GTO von 1964. North wurde Mitte der 1960er Jahre Chefdesigner des Oldsmobile-Studios, war aber auch an den Designs für den Cadillac Eldorado und den Buick Riviera beteiligt. Als sein Meisterstück gilt der Oldsmobile Toronado von 1966. North ging 1991 in den Ruhestand.

David North
1935

GM

Pontiac GTO
Oldsmobile Toronado
Cadillac Eldorado
Buick Riviera

Pontiac GTO, 1966

Northup wurde als Tischler ausgebildet und arbeitete danach für den Autohersteller Wills Sainte Claire. 1924 wechselte er zum Karosseriebauer Murray Corporation of America, wo er für die Serienaufbauten zuständig war und Ray Dietrich für die Sonderaufbauten. North arbeitete bei Murray für die Hersteller, die keine eigene Karosserieabteilung hatten, etwa Hupp, für deren Hupmobile Century Eight er 1928 das Design lieferte. Im gleichen Jahr wurde er Art Director und Chefdesigner von Willys-Overland. Seine Entwürfe für den 1929er Willys-Knights und den Graham Bluestreak von 1932 galten mit den angelegten Kotflügeln und schräg gestellten Kühlern als wegweisend. North starb 1937 unerwartet, als er am Nachfolger des Blue Streak arbeitete.

Amos Northup
1889–1937

Wills
Murray
Graham-Paige

Hupmobile Century Eight
Graham Blue Streak

Graham Supercharged, 1937

N

Satoru Nozaki
(?)

Toyota

2000 GT

Nozaki arbeitete als Designer bei Toyota, als er 1964 den Auftrag bekam, die Entwürfe von Albrecht von Goertz für einen ursprünglich von Yamaha für Nissan entwickelten GT zu überarbeiten. 1965 wurde der Wagen als Toyota 2000 GT der Presse vorgestellt.

Toyota 2000 GT, 1965

David Ogle
1922–1962

Ford
Ogle Design

Ogle SX1000

Ogle studierte ab 1945 Industriedesign an der Central School of Art and Design in London, nachdem er den Militärdienst als Flieger quittiert hatte. Er begann als Designer für Radios und entwarf das bekannte Bush TR82 Radio. Ab 1952 arbeitete Ogle als Designer bei Ford in Dagenham, 1954 gründete er Ogle Design. Von 1958 an designte er Automobile für kleine englische Hersteller, vor allem der auf Austin Mini basierte SX 1000 versprach ein Erfolg zu werden. Auf dem Weg zu einem Geschäftstermin verunglückte Ogle in dem Wagen tödlich. Sein Mitarbeiter Tom Karen übernahm die Firma.

Ogle SX1000, 1962

Josef Maria Olbrich
1867–1908

Opel

Olbrich war einer der führenden Jugendstil-Gestalter im deutschsprachigen Raum. Er entwarf Möbel, Stickereien, Gläser, Bestecke und auch Karosserien für Opel, die allerdings nicht realisiert wurden. Olbrich studierte von 1882 bis 1886 an der Staatsgewerbeschule in Wien Architektur und ab 1890 Malerei an der Akademie der Bildenden Künste. Er war Gründungsmitglied der Wiener Secession. 1899 wurde Olbrich mit dem Entwurf der Künstlerkolonie Mathildenhöhe in Darmstadt beauftragt. 1907 gründete er mit Peter Behrens, Richard Riemerschmid, Hermann Muthesius u. a. den Deutschen Werkbund, die erste Designinstanz Deutschlands. Im gleichen Jahr machte sich Olbrich mit einem Büro für Architektur und Design selbstständig.

Entwurf für Opel, 1908

Robert Opron
1938

Opron studierte ab 1952 Architektur. Nach einer Zeit als technischer Zeichner bei einem Flugzeughersteller begann er 1957, für Simca zu arbeiten. Sein erster Entwurf war die Studie Fulgur, ein vierrädriges UFO mit geplantem Atomantrieb und einer gläsernen Kuppel über dem Passagierraum. Der Simca 1100 mit Schrägheck geht auf Entwürfe von Opron zurück. 1962 wechselte Opron zu Citroën unter Flaminio Bertoni und wurde nach dessen Tod 1964 Chefdesigner. Sein erstes Produktionsdesign war 1969 der Citroën Ami 8. 1970 folgten die spektakulären Designs für den Citroën GS und den Citroën SM mit Maserati-Motor. Dieses Design galt von Anfang an als Oprons Meisterwerk. Der 1974 erschienene Nachfolger des DS, der CX, war sein Abschied von Citroën. Opron wurde von Renault abgeworben und verdrängte den bisherigen Designchef Gaston Juchet in die zweite Reihe. Bei Renault war Opron verantwortlich für den Fuego, den R25 und die Alpine A310. 1986 wechselte Opron nach Italien zum Centro Stile Fiat und war dort auch für Alfa Romeo tätig. Von 1992 bis 2000 arbeitete Opron als selbstständiger Designberater.

Simca Fulgur, 1959

Citroën SM, 1970

Citroën CX, 1974

Citroën GS, 1970

Alfa Romeo SX, 1989

O

Joe Oros
1916–2012

GM
George Walker Design
Ford

1949 Ford
1952 Lincoln
Ford Thunderbird
Ford Mustang
Ford Torino

Oros studierte Industrial Design am Cleveland Institute und ging 1939 zur General Motors School of Automotive Design, wo er für Cadillac arbeitete. Bei GM traf er seinen Studienkollegen Elwood Engel wieder. 1942 heiratete er die Hudson-Designerin Betty Thatcher. Nach seiner Armeezeit arbeitete Oros in George Walkers Designbüro und überredete Walker, auch Engel einzustellen. Oros und Engel designten für Nash, bis Walker 1946 einen lukrativen Auftrag von Ford an Land zog. Daraus ergab sich die Chance, am Wettbewerb für den 1949er Ford teilzunehmen. Das siegreiche Design stammt vermutlich von Dick Caleal und ist von Oros und Engel überarbeitet worden. Als Walker 1955 Designchef von Ford wurde, folgte ihm Oros. Er gehörte zum Designteam des 1956er Lincoln Premiere und war maßgeblich am Design des viersitzigen Ford Thunderbird von 1958 beteiligt. Der Wagen, mit dem Oros am häufigsten in Verbindung gebracht wurde, war der Ford Mustang von 1964, auch wenn ein großer Teil der Designarbeit des Produktionsentwurfs von David Ash stammte. Oros war als Chefdesigner auch für den Ford Torino von 1968 verantwortlich. 1975 ging er in den Ruhestand.

Ford Thunderbird, 1958

Ford Mustang, 1965

Jacques Ousset
(?)

Renault

Renault Dauphine
Renault R6, R15, R17

Ousset war Designer bei Renault. Sein erstes Projekt war der Renault Dauphine von 1956, der noch in Zusammenarbeit mit der Carrozzeria Ghia entstand. In den 1960er Jahren gestaltete Ousset bei Style Renault unter Gaston Juchet den Typ R6 von 1968 und die Baureihe R15/17 ab 1971.

Renault R6, 1968

Renault R17, 1971

Georges Paulin
1902–1942

Peugeot
Bentley

Peugeot Darl'mat Coupés
Éclipse Décapotable
Embiricos Bentley

Paulin verließ mit 14 Jahren die Schule und machte eine Ausbildung zum Zahntechniker. 1931 ließ er sich die Idee eines versenkbaren festen Dachs für Automobile patentieren, weitere Patente für eine versenkbare Windschutzscheibe und versenkbare Scheinwerfer folgten. Nachdem der Karossier Pourtout auf Paulin aufmerksam geworden war, gab er die Arbeit als Zahntechniker auf und wurde Designer. Zu den ersten Entwürfen gehörten Coupés und Cabrios von Panhard, Unic, Delage, ein „Teardrop" Talbot-Lago und die Darl'mat-Peugeot-Rennwagen für Le Mans 1937 and 1938. Pourtout, Emile Darl'mat und Paulin arbeiteten gemeinsam an der Serienreife und Vermark-

tung des Klappdachs, das 1934 im Peugeot 402 BL Éclipse Décapotable zum ersten Mal Verwendung fand. Danach wurden verschiedene Coupés und Cabrios mit dem Paulin-Pourtout-Dach ausgestattet. 1938 designte er für den Rennfahrer Embiricos eine aerodynamische Karosserie auf Bentley-Chassis. Das Design erregte die Aufmerksamkeit von Rolls-Royce-Bentley und man bot Paulin an, für beide Marken zu entwerfen. Bei Kriegsausbruch schloss sich Paulin der Résistance an und arbeitete mit dem britischen Geheimdienst zusammen. Er wurde verraten und 1941 zum Tode verurteilt. Ein Fluchtversuch scheiterte, im März 1942 wurde Paulin hingerichtet.

Peugeot 402 Pourtout, 1935

Embiricos Bentley, 1938

Theodore Wells Pietsch II
1912–1993

Chrysler
Hudson
Ford
R.L.A.
Studebaker
AMC

Pietsch war ein Designer, der für nahezu alle großen amerikanischen Marken gearbeitet hat, dem es aber nicht vergönnt war, mehr als kleine Spuren an Produktionsmodellen zu hinterlassen. Pietsch studierte von 1933 bis 1937 Design und technisches Zeichnen. Er begann als Zeichner bei Chrysler und erarbeitete sich rasch die Position eines Designers. 1940 wechselte er zu Hudson, wo er kriegsbedingt hauptsächlich mit Illustrationen für Prospekte und Konstruktionszeichnungen für Flugzeuge beschäftigt war. 1944 ging Pietsch zum Karosserieproduzenten Briggs und lieferte Entwürfe für Nachkriegsmodelle von Chrysler und Packard. 1947 wurde Pietsch stellvertrender Chefdesigner bei Ford, doch die Arbeiten am wichtigen Modelljahrgang 1949 waren bereits

abgeschlossen. Die Designabteilung bei Chrysler unter dem neuen Designchef Virgil Exner schien 1950 perfekt für Pietschs Kreativität zu sein; bereits 1952 arbeitete er in Loewys Studio R.L.A. für Studebaker. Unter Robert Bourke und Robert Koto entwarf Pietsch PKWs und LKWs, doch die wirtschaftliche Situation von Studebaker machte auch diesem Engagement 1955 ein Ende. Nach einigen Jahren als Industrial Designer bei verschiedenen Designstudios kehrte Pietsch noch einmal zu Studebaker zurück und wechselte 1962 frustriert zu Chrysler, wo er mehrere Jahre lang als Interior Designer arbeitete. Ein letzter Jobwechsel zu American Motors für die Marke Jeep brachte ihn durch die Übernahme zu Chrysler zurück. 1972 ging er in den Ruhestand.

P

Carrozzeria Pininfarina
1930
Battista Pinin Farina
1893–1966

Lancia
Maserati
Ferrari
Alfa Romeo
Nash
Austin
Fiat
Peugeot
GM
Nissan
Daewoo

Battista Farina, der jüngere Bruder von Giovanni Farina, lernte nach der Schulzeit in dessen Karosseriewerkstatt Stabilimenti Farina. 1921 besuchte Battista die USA, um sich mit den Produktionsmethoden der Ford-Werke in Detroit zu beschäftigen. Inspiriert von dieser Studienreise gründete er 1930 in Turin die Carrozzeria Pinin Farina. In den 1930er Jahren machte Pinin Farina mit aerodynamischen Coupés und Rennwagen auf sich aufmerksam, bei denen die Pontonform früher als bei allen anderen europäischen Designstudios verwirklicht war. Doch erst nach dem Krieg wurde die Carrozzeria mit spektakulären Entwürfen für Sportwagen, Limousinen und Prototypen weltweit berühmt. 1961 durfte Battista Farina seinen Nachnamen offiziell in Pininfarina ändern, nachdem er schon einige Jahre vorher einen Orden des italienischen Staates für seine Verdienste um Design und Industrie erhalten hatte. Zu den frühen Meilensteinen von Pinin Farina im Automobildesign gehören u. a. das Cisitalia Coupé von 1951 und das Lancia Aurelia Coupé von 1952. Pininfarina begründete den Ruhm der „Scuola Italiana" im Design mit impulsgebenden Entwürfen, die nicht nur für Europas Automobilindustrie, sondern auch für die ame-

rikanischen Hersteller von Bedeutung waren. Die Pontonform, die Trapezform, die „Pininfarina"-Front mit großem Grill und der Motorhaubenkante in Höhe der Scheinwerfermittelpunkte, die Bügelfaltenlinie und seitliche Lichtkante wurden nicht nur bei Supersportwagen, sondern auch bei Volumenmodellen realisiert. Auch wenn andere Studios wie Bertone, Ghia, Touring, Michelotti oder Frua zahlreiche und bemerkenswerte Designs produzierten, schien Pininfarina über Jahrzehnte hinweg das profundeste Studio mit der größten Expertise zu sein. Verträge mit nahezu allen Herstellern weltweit, eine teilweise ebenfalls Jahrzehnte während Zusammenarbeit im Stile einer externen Designabteilung (bei Peugeot und Ferrari) belegten die Ausnahmestellung des Unternehmens. Pininfarina setzte Maßstäbe: 1950 präsentierte er die glatte, schlanke italienische Linie in Europa; mit der Lancia Florida von 1957 setzte er die Trapezform durch und läutete damit eine neue Stilistik im Automobildesign ein. Ein aerodynamisch weicher „Flow" umgab die Designs der mittleren 1960er Jahre und setzte Pininfarina von der harten Keilform der Konkurrenten Bertone und Italdesign ab. Betont glatte und einfache Formen bestimmten die Entwürfe aus den spä-

Alfa Romeo 6C, 1935

Lancia Aprilia Aerodinamica, 1940

Maserati A6, 1949

152

ten 1970er und 1980er Jahren. Pininfarina entwickelte Sicherheitskonzepte für Straßen- und Wettbewerbsautos und erfand zahlreiche Details, die erst ein Jahrzehnt später bei vielen Herstellern in Serie gingen (z. B. Scheinwerfer und Rückleuchten hinter Glas). Battista Pininfarina und sein Sohn Sergio, der von 1966 bis 1994 die Geschäfte führte, stellten nicht nur talentierte Designer ein, sondern auch Konstrukteure und Fertigungstechniker, die aus der traditionellen Carrozzeria ein Hochtechnologie-Unternehmen mit Design-, Fertigungs-, Erprobungs- und Entwicklungsabteilung und teilweise über 1200 Beschäftigten machten. Auch die zunehmende Integration der Designabteilungen in die Automobilunternehmen ab den 1970er Jahren

überstand Pininfarina im Gegensatz zu anderen Studios scheinbar unbeschadet. Mit der Fertigung von Kleinserien, der Entwicklung und Fertigung von Komponenten und Transportation Design (Autos, Nutzfahrzeuge, Eisenbahnen, Schiffe) versuchte Pininfarina, den Anforderungen des globalen Wettbewerbs zu begegnen. Doch die Rationalisierungsprozesse der Hersteller machten das Überleben schwer; die Folgen der Finanzkrise von 2007 und der plötzliche Tod von Sergio Pininfarinas Sohn Andrea 2008 brachten das Unternehmen in eine Schieflage, von der es sich nicht mehr erholte. Ende 2015 wurde Pininfarina an den indischen Mischkonzern Mahindra verkauft. Damit verlor das letzte große italienische Studio seine Unabhängigkeit.

Lancia Florida II, 1957

Ferrari 250 GT Lusso, 1960

Alfa Romeo Duetto, 1964

BLMC 1100 Aerodinamica, 1968

Peugeot 604, 1976

F. Alexander Porsche
1935–2012

Porsche
Porsche Design

Porsche 904
Porsche 911

Der Enkel von Ferdinand Porsche, F. Alexander Porsche, besuchte die Waldorfschule in Stuttgart und begann 1956 ein Studium an der Hochschule für Gestaltung (HfG) Ulm. Nach zwei Semestern verließ er 1957 die HfG und begann in der Karosserieentwicklung bei Porsche unter Erwin Komenda. 1962 wurde F. A. Porsche der erste Designdirektor des Unternehmens. Seine größte Herausforderung war das Design des 356er-Nachfolgers Typ 901, der 1963 präsentiert wurde und ein Jahr später als Typ 911 auf den Markt kam. Die Designentwicklung dieses Wagens ist von Komenda begonnen und in großen Teilen von Hein-rich Klie ausgeführt worden. Nach der Umstrukturierung der Porsche AG und dem Rückzug der Familienmitglieder aus allen wichtigen Positionen gründete F. A. Porsche in Stuttgart das Porsche-Designstudio, mit dem er 1974 nach Zell am See (Österreich) übersiedelte und Uhren, Brillen und Consumer Electronics designte.

Porsche 911, 1963

Bill Porter
1931

GM

Pontiac GTO, Firebird
Buick Park Avenue, LeSabre

Porter studierte Freie Kunst an der University of Louisville und anschließend Industrial Design am Pratt Institute New York. 1957 machte er ein Praktikum bei GM und wurde 1958 fest angestellt. 1959 begann er im Pontiac-Studio. Nach einigen Wechseln zwischen Advanced und Production Studios arbeitete er ab 1967 an den Typen Firebird, Le Mans, GTO, Catalina, Bonneville und Grand Prix. Ab 1980 bis zu seinem Ausscheiden 1996 war Porter Chefdesigner im Buick-1-Studio und verantwortete die Designs für die Typen Park Avenue, Le Sabre und Riviera. Von 1980 bis 1996 lehrte Porter Designgeschichte an der Wayne University.

Pontiac GTO, 1972

Claude Prost-Dame
(?)

Renault

Renault R4
Renault R16

Prost-Dame war Designer bei Renault von 1955 bis 1980 und ab 1958 am Design der Typen R4 und später am R16 unter Gaston Juchet maßgeblich beteiligt.

Renault R4, 1961

Adriano Rabbone
(?)

Pininfarina

Ferrari 212 Inter
Ferrari 400 SA „Agnelli"
Lancia B24

Rabbone war Designer bei Pininfarina in den frühen 1950er Jahren. Er war in dieser Zeit für einige Ferrari- und Lancia-Modelle, u. a. den Ferrari Inter 212, den 400 SA Agnelli und den Lancia B24 verantwortlich. Außerdem wird ihm das Design des Nash-Healey Pininfarina zugeschrieben.

Ferrari 400 SA Agnelli, 1959

Lancia B24, 1956

Lorenzo Ramaciotti
1948

Pininfarina

Ramaciotti studierte Ingenieurwesen am Politechnico Turin und ging nach seinem Abschluss 1972 zu Pininfarina. 1988 wurde er Chef der Forschungsabteilung in der Nachfolge von Fioravanti, 2002 schließlich Direktor des Forschungs- und Entwicklungszweigs. 2005 ging er in den Ruhestand, wurde aber zwei Jahre später von Fiat-Chef Marchionne zum Direktor der Fiat-Designabteilung gemacht. 2015 ging er endgültig in den Ruhestand. Ramaciotti war mit fast allen wichtigen Ferrari-Designs zwischen 1980 und 2000 betraut, außerdem mit diversen Designs für Alfa Romeo und Maserati, nachdem beide Marken zur Fiat-Gruppe gehörten.

John M. Reinhart
1921–1988

Packard
R.L.A.
Ford
U.S. Steel

Reinhart wurde 1947 Chefdesigner bei Packard in der Nachfolge von Werner Gubitz; er designte das außerordentlich erfolgreiche 1951er Modell. Interne Querelen bei Packard führten dazu, dass Reinhard zu Loewys R.L.A. wechselte. Dort arbeitete er für Studebaker und verantwortete das Design für den britischen Hillman Minx. Mitte der 1950er Jahre ging er zu Ford und übernahm das Designteam für Lincoln; der berühmte Continental Mk 2 von 1956 ist unter seiner Leitung entstanden. Gemeinsam mit Syd Mead entwarf er in den frühen Sechzigerjahren Zukunftskonzepte für US Steel, bevor er 1968 zu Ford zurückkehrte; dort arbeitete er an Sicherheitsaspekten und im Special Vehicles Departement. 1973 ging er in den Ruhestand.

Lincoln Continental Mk 2, 1956

R

Manfred Rennen
(?)

BMW

BMW 2002
BMW E12, E28, E30

Rennen begann in den frühen 1960er Jahren bei BMW unter Hofmeister und arbeitete an allen wichtigen Modellen des Unternehmens bis in die 1980er Jahre mit. Sein erstes großes Projekt war die Entwicklung der Sportlimousine 1602/2002 (E114), für die Rennen auch eine Targa-/Cabrioversion entwarf. Rennen brachte die erste 5er-Generation (E12), von Paul Bracq entwickelt, zur Serienreife. Unter Claus Luthe wurde er Chefdesigner für die Modellpflege des 5ers E28, der zweiten 3er-Generation E30 und der ersten 7er-Oberklasselimousine E23.

BMW E23, 1977

BMW 2002, 1968

Carl Heinz Renner
1923–2001

GM

Chevrolet
Pontiac
Oldsmobile

Renner wurde in Nürnberg geboren; 1927 wanderte die Familie ins amerikanische Detroit aus. In den 1940er Jahren ging Renner nach Kalifornien und wurde Zeichner bei Walt Disney. Umstrukturierungen im Studio veranlassten Renner 1944 zur Rückkehr nach Detroit und zur Bewerbung als Designer bei GM im Orientation Studio. 1945 wurde er Designer im Chevrolet-Studio. Sein erstes Projekt war der '55er Chevrolet in Kombination mit dem Corvette-Derivat Nomad. 1954 wurde Renner stellvertretender Chefdesigner im Body Development Studio, arbeitete aber auch für Oldsmobile und Pontiac. In Zusammenarbeit mit Harley Earl entstanden die LaSalle II und Cadillac Cyclone Motorama Show Cars. Gemeinsam mit Bill Mitchell und Larry Shinoda entwickelte Renner Konzepte für die Corvette. Wegen eines nervösen Leidens, das seine Zeichenfähigkeit einschränkte, verlagerte sich Renners Tätigkeit ab 1962 mehr und mehr in administrative Bereiche. 1980 ging Renner in den Ruhestand.

Chevrolet Nomad Studie, 1955

Revelli di Beaumont besuchte eine Militärschule in Neapel und schloss ein Ingenieurstudium an. 1925 zog er nach Turin und arbeitete als Entwerfer für Stabilimenti Farina und Ghia. 1929 begann seine Tätigkeit als Berater für Fiat, die mehrere Jahrzehnte lang bestehen sollte. Ab 1930 entwarf Revelli di Beaumont für Pininfarina und Viotti. Bereits damals beschäftigte er sich mit Monovolumenautos für Fiat, die zwei Jahrzehnte später im Modell 600 Multipla von 1953 mündeten. Während des Krieges entwarf Revelli di Beaumont Transport- und Krankenwagen, ab 1946 arbeitete er für Fiat, Siata und Pininfarina (Alfa Romeo 6C 2500 mit Michelotti). Von 1952 bis 1954 arbeitete Revelli di Beaumont für GM. 1954 kehrte er nach Italien zurück und gründete ein Studio für Entwurf und Prototypen. Sein wichtigster Kunde war Simca, deren Modelle 1000, 1300/1500 und Aronde er maßgeblich entwickelte. Weitere Auftraggeber waren der Motorradhersteller Aermacchi, aber auch Fiat und Pininfarina. Mitte der 1960er Jahre wurde Revelli di Beaumont Lehrer am Art Center College of Design in Pasadena und an der Scuola d'Arte e Design in Turin.

Mario Revelli di Beaumont
1907–1985

Pininfarina
Viotti
Fiat

Fiat 525
Alfa Romeo 6C 2500
Simca 1000, 1300

Fiat 527, 1934

Alfa Romeo 6C, 1947

Simca 1300, 1963

Nach seinem Abschluss an der Universität ging Roberts 1921 zum gerade gegründeten Designstudio LeBaron. Nach dem Weggang der LeBaron-Gründer Dietrich und Hibbard wurde Roberts 1925 Chef des Karosseriebauers. 1926 wurde LeBaron ein Teil von Briggs Manufacturing, dem zweitgrößten US-Karosseriezulieferer nach Fisher Body. Unter Roberts' Leitung entwarf und baute LeBaron Spezialanfertigungen für Chrysler, Duesenberg und Cadillac. Die berühmtesten Designs, die unter seiner Leitung entstanden, sind der Chrysler Newport und der Thunderbolt von 1940, entworfen von Alex Tremulis.

Ralph Roberts
(?)

LeBaron
Briggs
Chrysler

Chrysler Doppelphaeton, 1933

Chrysler Thunderbolt, 1941

R

Helene Rother
1908–1999

GM
Nash

Rother studierte an der Kunstge-werbeschule in Hamburg und am Bauhaus in Dessau. Zu Beginn der 1930er Jahre zog sie nach Paris und entwarf Kleidung, Hüte und Acces-soires. 1939 floh sie mit ihrer Tochter aus dem besetzten Frankreich in ein nordafrikanisches Flüchtlingslager und von dort 1941 nach New York. Ihre erste Anstellung bekam sie als Zeichnerin bei Marvel Comics. 1943 zog sie nach Detroit und wurde die erste festangestellte Designerin im GM Styling Department. Rother ent-warf Textilien und Innenverkleidungen, Griffe, Leuchten und Armaturen. In einem Zeitungsbericht hieß es, Rother verdiene das Dreifache des männli-chen Durchschnittslohns. 1947 grün-

dete Rother ihr Designstudio in Detroit und entwarf Innenausstattungen für Automobile, Möbel und Glasfens-ter. Nachdem sie 1948 einen Aufsatz zum Thema Interior Design in Auto-mobilen veröffentlicht hatte, wurde sie von Nash engagiert und arbeitete bis 1956 als Designberaterin für den Hersteller. Als erste Frau sprach sie 1951 vor der Society of Automotive Engineers in Detroit. 1953 gewann Nash die Jackson Medal für hervorra-gendes Design, Helene Rother wurde als Markenname und Qualitätsbeweis für hervorragende Innenraumgestal-tung in der Nash-Werbung hervor-gehoben. Ab 1960 arbeitete Rother vorwiegend als Glaskünstlerin an sa-kralen Bleiverglasungen.

Hinweis auf die Qualität der Innenraum-gestaltung in einem zeitgenössischen Prospekt von Nash

Nash Airflite, 1951

Edmund Rumpler
1872–1940

Adler
Rumpler-Werke

Tropfenwagen
Tropfen-Benz

Rumpler studierte an der TH Wien Maschinenbau. Er arbeitete nach ei-nigen Stationen ab 1900 bei Daim-ler-Benz, wechselte 1902 zu Adler und machte sich 1906 mit einem Konstruktionsbüro für Automobil- und Luftfahrttechnik selbstständig. 1908 gründete er eine Flugzeugfabrik, in der zum Ende des Ersten Weltkriegs über 2000 Beschäftigte arbeiteten.

Nach dem Tropfenwagen von 1921, der technisch und formal zu avant-gardistisch und deswegen ein wirt-schaftlicher Misserfolg war, entwickelte Rumpler für Mercedes-Benz den „Tropfen-Benz"-Rekordwagen (1923) und ab 1930 Stromlinien-LKWs mit Frontantrieb und fortschrittlicher Fe-derungstechnik, die über 100 km/h liefen.

Benz Tropfenwagen, 1923

Irving Rybicki
1921–2001

GM

Chevrolet LeMans Dream Car
Chevrolet Camaro
Chevrolet Monte Carlo

Rybicki begann nach Abschluss der High School bei Fisher Body in der Werkzeug- und Lackierabteilung. Nach seinem Kriegsdienst ging er 1944 zu GM, wo er zuerst im Orientierungsstudio, später im Cadillac-Studio unter Bill Mitchell arbeitete und dort 1950 Senior Designer wurde. Das 1953er LeMans Dream Car war eines seiner ersten Projekte. 1957 wurde Rybicki Chefdesigner im Oldsmobile-Studio, 1962 bei Chevrolet. Als Antwort auf den Ford Mustang wurde 1964 die Studie Chevrolet Super Nova präsentiert. 1967 erarbeiteten Rybicki und Mitchell das Konzept für den Chevrolet Camaro. 1970 wurde Rybicki Designchef für PKWs von Chevrolet und Pontiac, außerdem für die LKWs von Chevrolet und GMC. 1972 übertrug man ihm die Verantwortung für das PKW-Design von Oldsmobile, Buick und Cadillac. Als Bill Mitchell 1977 in den Ruhestand ging, wurde Rybicki sein Nachfolger und der dritte Vice President of Styling bei GM. Rybicki sah sich vor große Herausforderungen gestellt: Neue Energie- und Sicherheitsgesetze, eine starke Konkurrenz aus Japan und Europa und eine veränderte Einstellung des GM-Managements gegenüber dem Design machten Rybicki das Leben schwer. Er musste die gesamte Modellpalette von GM verschlanken, verkleinern und modernisieren, was auf die Schnelle nicht gelang und von den Konsumenten nicht goutiert wurde. GM schlingerte in eine Krise, die erst zu Beginn der 1990er Jahre durchschritten war. Das Design der mittleren 1980er Jahre gilt als Tiefpunkt im amerikanischen Automotive Design. 1986 ging Rybicki in den Ruhestand.

Cadillac LeMans Concept, 1953

Chevrolet Camaro, 1967

Chevrolet Super Nova, 1964

Chevrolet Monte Carlo, 1977

S

Bruno Sacco
1933

Mercedes-Benz

MB 600 W100
C-111
ESF
W126 S-Class
W201 C-Class
SL 500 R 129

Nach der Ausbildung zum Geometer studierte Sacco am Polytechnikum Turin. Ein von Raymond Loewy designtes Show Car, das er 1951 sah, war der Auslöser für den Berufswunsch Automobildesigner. Als Student lieferte Sacco bereits erste Designs für Ghia und Pininfarina. Bei Ghia arbeitete er mit Giovanni Savonuzzi und Sergio Sartorelli zusammen. Saccos Deutschkenntnisse führten zu einem Treffen mit Karl Wilfert. Dieser lud Sacco 1957 zu Mercedes-Benz ein; Anfang 1958 begann Sacco als zweiter Stylist neben Paul Bracq. 1975 trat er die Nachfolge von Friedrich Geiger als Leiter der Hauptabteilung Stilistik an. Neben aktuellen Projekten erarbeitete er Zukunftsprojekte, wie den Wankelsportwagen C-111 und das ESF. Das

erste Produktionsdesign, das seine Handschrift trug, war die S-Klasse der Baureihe W126 mit moderater Keilform und den später im Volksmund „Sacco-Bretter" genannten seitlichen Schutzleisten. 1980 formulierte Sacco die Designphilosophie von Mercedes-Benz als „vertikale Affiniät" (ästhetische Langlebigkeit) und „horizontale Homogenität": Designmerkmale wie Kühlermaske, Scheinwerfer und Heckleuchten sollten in allen Baureihen wiedererkennbar sein. 1982 folgte der „Baby-Benz" der Baureihe W201, mit dem das Unternehmen neue Käuferschichten ansprach. 1987 wurde Sacco zum Design-Direktor ernannt. 1999 übergab er an Peter Pfeiffer und schied aus dem Unternehmen aus.

Mercedes C-111, 1969/71

Mercedes S-Klasse, 1979

Mercedes 190, 1983

Mercedes 500 SL, 1990

Alexis de Sakhnoffsky
1901–1964

Vanden Plas
Hayes
Packard

Cord L-29
1933 Nash
1934 LaSalle
White Trucks

Sakhnoffskys Familie emigrierte nach der russischen Oktoberrevolution 1918 nach Paris. 1919 zog die Familie in die Schweiz um. Sakhnoffsky erarbeitete sich einen Ruf als Illustrator und Designer. Ab 1923 war er bei Vanden Plas in Brüssel tätig und stieg dort vom einfachen Entwerfer zum Designberater auf. 1929 ging Sakhnoffsky auf ein Angebot der Hayes Body Corporation ein und siedelte in die USA um. Bei Hayes entwarf er Karosserien für Auburn, Cord und American Austin. Für den 1929 als sein Privatfahrzeug designten Cord L-29 gewann er zwei europäische Designpreise. Anfang der 1930er Jahre ging Sakhnoffsky zu Packard, wechselte aber nach kurzer Zeit zu White Trucks, für die er aufsehenerregende LKWs mit Sonderaufbauten entwarf. In dieser Zeit gehörte Sakhnoffsky zu den bekanntesten Designern des Streamline-Stils in den USA. In den 1940er und 1950er Jahren arbeitete er als Freiberufler im Studio von Brooks Stevens und designte für verschiedene Hersteller Fahrräder, Küchengeräte und Möbel. Bereits 1934 war er technischer Berater des Herrenmagazins *Esquire* geworden und blieb es bis zu seinem Tod. Zu Beginn der 1950er Jahre tat sich Sakhnoffsky mit Preston Tucker zusammen, um in Brasilien eine Sportwagenproduktion für den Tucker Carioca aufzubauen; diese Pläne zerschlugen sich aber.

White Truck, 1936

Tucker Carioca, 1955

White Biertransporter, 1939

Francesco Salomone
(?)

Pininfarina

Lancia B24
Ferrari 275 GTB

Salomone war gemeinsam mit Franco Martinengo verantwortlicher Designer und Studioleiter bei Pininfarina während der 1940er und bis in die 1960er Jahre. Zu den ersten Designs, die ihm zugeschrieben werden, gehören der Lancia B24 und diverse Ferrari-Modelle der frühen 1950er Jahre. Eines seiner letzten Projekte war der Ferrari 275 GTB von 1964.

Lancia B24, 1955

Ferrari 256 GTB, 1964

S

John Samsen
1927

Ford
Chrysler

Ford Thunderbird '55
Chrysler Imperial
Plymouth Barracuda
Plymouth Roadrunner
Plymouth GTX

Samsen studierte Luftfahrttechnik an der Purdue University und arbeitete zuerst bei McDonnell Aircraft, dann bei Studebaker als Ingenieur und Designer. 1952 wechselte er zu Ford. Sein erstes großes Projekt war die Arbeit am 1955er Ford Thunderbird. 1958 wurde er von Virgil Exner zu Chrysler abgeworben und designte für DeSoto und Imperial. Anfang der 1960er

Jahre wurde er Chefdesigner im Plymouth-Studio und entwickelte die Modelle Barracuda, Road Runner, GTX und Duster. Sein Design für das erste Barracuda-Modell von 1964 wurde fast ohne Änderungen übernommen. 1979 ging Samsen in den Ruhestand, um zu zeichnen und zu malen. Er galt als einer der besten Illustratoren der Branche.

Chrysler Imperial, 1961

Plymouth Barracuda, 1964

Plymouth GTX, 1970

Carrosserie Saoutchik
1920–1957

Delahaye
Bentley
Mercedes-Benz
Minerva
Talbot-Lago
Pegaso

Jacques Saoutchik war 1899 mit seiner Familie aus der Ukraine nach Paris ausgewandert. Er machte eine Lehre als Tischler und gründete 1906 in Neuilly-sur-Seine seinen Stellmacherbetrieb. Saoutchik wollte von Anfang an zu den besten Karossiers gehören, obwohl er keine Tradition in diesem

Gewerbe vorweisen konnte. Tatsächlich gelang es ihm in den 1920er Jahren, mit Aufbauten für Luxusautomobile an die Spitze der französischen und europäischen Karossiers vorzudringen. Saoutchiks Stil war verspielt, ornamental und überbordend, vergleichbar höchstens mit den

Mercedes-Benz mit Saoutchik-Karosserie, 1928

Pariser Konkurrenten Figoni & Falaschi. Er erfand einen eigenen Karosserietyp, die „Transformables", eine Kombination aus großer Limousine mit Cabriodach und versenkbaren Scheiben. Eine weitere Besonderheit waren extrem niedrige Aufbauten und lange Motorhauben. Saoutchiks Designs gingen manchmal an den Rand des Absurden und dienten als Vorlagen für viele Karikaturen zum Thema Luxusautomobil und automobiles Design.

Bis zum Ausbruch des Zweiten Weltkriegs war Saoutchik sehr erfolgreich. Ab 1947 fielen seine Designs durch vollverkleidete Vorderräder auf, die die Automobile wie Motoryachten wirken ließen. Trotz der Karosserien für den spanischen Pegaso-Sportwagen ging nach 1955 die Auftragslage für Sonderanfertigungen so weit zurück, dass die Firma, die seit 1952 von Saoutchiks Sohn Pierre geführt wurde, 1957 schließen musste.

Delahaye, 1949

Pegaso, 1955

Sapinos erste Station war 1959 Ghia, wo er Projektstudien für verschiedene Hersteller designte. 1967 ging er für zwei Jahre zum Ortskonkurrenten Pininfarina und entwarf spektakuläre Prototypen für Ferarri wie den 512S, aber auch Produktionsfahrzeuge wie den Ferrari GTC 365/4 oder den Peugeot 504. 1969 nahm er das Angebot an, Fords italienisches Designcenter zu leiten; nach der Übernahme von Ghia durch Ford 1973 wurden die Studios zusammengelegt. Sapino wurde Chefdesigner und später Chefmanager. Er entwickelte zahllose Studien und Vorserienfahrzeuge für Ford USA und Ford Europe, aus denen Produktionsfahrzeuge wie Granada, Pinto, Escort, Sierra und StreetKa hervorgingen. 2001 ging Sapino in den Ruhestand.

Filippo Sapino
1940

Ghia
Pininfarina
Ford

Ferrari 512 S
Ford Sierra
Ford StreetKa

Ferrari 512 S, 1968

Ford StreetKa Concept, 1999

S

Sergio Sartorelli
1928–2009

Ghia
OSI
Fiat

Fiat 2300, 230S
Karmann Ghia Typ 34
Ford OSI 20M
Fiat 126
Fiat Ritmo 1

Nach dem Ingenieursstudium am Polytechnikum Turin 1954 wurde Sartorelli Kartograph beim Militär, zeichnete aber schon Entwürfe für die Carrozzeria Boano. 1956 stellte ihn Giovanni Savonuzzi bei Ghia als seinen Assistenten ein. Dort arbeitete er gemeinsam mit Sergio Coggiola am Nachfolger des VW Karmann Ghia, dem Typ 34, und am Fiat 2300S Coupé. Nach dem Tod von Luigi Segre 1963 verließ Sartorelli Ghia und wechselte zu OSI. Dort gab es zunächst keine Designabteilung, und Sartorelli arbeitete als Freelancer für Michelotti. Mit dem Einstieg von Giacomo Bianco bei OSI 1965 wurde Sartorelli Direktor der neu eingerichteten Designabteilung.

Es folgten goldene Jahre, in denen OSI diverse Prototypen und Kleinserien fertigte, beispielsweise das OSI Ford 20m Coupé, den DAF City, den Alfa Romeo Scarabeo und den OSI Bisiluro Prototypen. Als OSI in schwere wirtschaftliche Turbulenzen geriet, gelang es Sartorelli, die Entwicklungs- und Designabteilung 1969 in das Fiat Centro Stile zu integrieren. Bis 1984 war Sartorelli Designdirektor der Abteilung für Zukunftsstudien bei Fiat und entwickelte dort einige erfolgreiche Volumenmodelle für den Konzern: den Fiat 126, Nachfolger des Fiat 500, den ersten Fiat Ritmo, den Lancia Beta und den Fiat Regata. 1984 ging Sartorelli in den Ruhestand.

Fiat 2300 Coupé, 1963

VW Karmann Ghia Typ 34, 1963

Ford OSI 20M, 1966

Sason (eigentlich Karl-Erik Sixten Andersson), Sohn eines Bildhauers, arbeitete seit 1939 beim schwedischen Flugzeughersteller Saab als Zeichner. Als Saab nach dem Krieg neben Militärmaschinen auch Automobile bauen wollte, entwarf Sason 1949 den „Ur-Saab" Typ 92. Parallel dazu arbeitete Sason auch für Hasselblad, für Electrolux und Husqvarna. Sason blieb Saab bis zu seinem plötzlichen Tod 1967 treu, die Produktion des von ihm entworfenen Modells 99 erlebte er nicht mehr. Er war einer der profiliertesten schwedischen Industriedesigner des 20. Jahrhunderts.

Saab

Saab 92
Saab 99

Saab 92, 1950

Saab 99, 1967

Savonuzzi studierte Ingenieurwesen am Polytechnikum Turin. 1939 begann er bei Fiat Aviazione und beschäftigte sich mit Aerodynamik und Turbinentriebwerken. Während des Zweiten Weltkriegs traf er Piero Dusio, der 1945 das Unternehmen Cisitalia gründete und Sport- und Rennwagen bauen wollte. 1948 wurde Savonuzzi technischer Direktor bei Cisitalia und entwickelte u.a. ein aerodynamisches Experimentalfahrzeug, den Nuvolari Spider und den legendären Cisitalia 202. 1954 wurde er als Nachfolger von Mario Boano Designdirektor der Carrozzeria Ghia. Unter seiner Ägide entstanden in den nächsten Jahren Zukunftskonzepte und Show Cars wie der Ford Futura, für Chrysler die Studien Gilda und Supersonic. 1957 wechselte Savonuzzi als Leiter der Entwicklungsabteilung für Turbinenautos ganz zu Chrysler. Das Chrysler Turbine Car ist sowohl technisch als auch designerisch von ihm konzipiert. 1969 kehrte er nach Italien zurück und wurde Chef des Fiat-Entwicklungszentrums. 1977 ging er in den Ruhestand. Savonuzzi war außerdem Professor für Maschinenbau am Politecnico di Torino.

Fiat
Ghia
Chrysler

Cisitalia 202
Ghia Gilda
Ghia Supersonic
Ford Futura
Chrysler Turbine Car

Cisitalia 202 Coupé, 1950

Ghia Supersonic, 1955

Chrysler Turbine Car, 1962

Malcolm Sayer
1916–1970

Jaguar

C-Type
D-Type
E-Type
XJ13
XJS

Sayer studierte Flugzeug- und Fahrzeugtechnik an der Loughborough University. Sein erster Arbeitgeber war die Bristol Aeroplane Company. 1948 ging er in den Irak an die Baghdad University und baute dort den Fachbereich Ingenieurwesen auf. 1950 kehrte er nach England zurück. 1951 begann Sayer bei Jaguar als Designer und Aerodynamiker. Sein erstes produziertes Design war der Rennwagen C-Type, der 1951 und 1953 das für die Marke Jaguar prestigeträchtige Rennen in Le Mans gewann. Der Nachfolger, genannt D-Type, wurde für die Marke noch wichtiger und gewann in Le Mans 1955, 1956 und 1957. Die ausgefeilte Aerodynamik mit der hinter dem Fahrer angebrachten Finne zur Stabilisierung machte den D-Type über 300 km/h schnell. Sayers nächstes Meisterwerk war der 1961 vorgestellte E-Type, der zu den Ikonen des Automobildesigns gehört. 1965 folgte der Jaguar XJ13, ein Mittelmotorrennwagen, der jedoch nie zum Einsatz kam. Sayer designte auch den Jaguar XJS, der nichts mit der biomorphen Formensprache der früheren Rennwagen zu tun hatte und eher ein GT als ein Sportwagen war, aber heute als klassisches Design der 1970er Jahre angesehen wird. Sayer starb unerwartet im Alter von 54 Jahren.

Jaguar XK-E, 1961

Jaguar XJS, 1975

Carrozzeria Scaglietti
1951–1975
Sergio Scaglietti
1920–2011

Ferrari

250 Testa Rossa
275 GTB

Die Carrozzeria wurde 1951 von Sergio Scaglietti gegründet. Scaglietti war in den 1930er Jahren zum Automobilmechaniker ausgebildet worden. Nach dem Zweiten Weltkrieg machte er sich in Maranello mit einem Reparaturbetrieb selbstständig, aus dem später die Carrozzeria Scaglietti wurde, die seit Mitte der 1950er Jahre Karosserien für Ferrari-Chassis fertigte.

Sergio Scaglietti entwarf die Karosserien selbst; eines der bekanntesten Designs ist der Ferrari 250 Testa Rossa. Neben den Arbeiten für Ferrari entwarf Scaglietti Rennwagen für Alfa Romeo, Maserati und Stanguellini. Ab 1960 konzentrierte sich Scaglietti auf die Produktion von Karosserien, die andere Designer entworfen hatten; er war zum bevorzugten Karosserielieferanten Ferraris geworden. 1975 verkaufte Scaglietti an Ferrari.

Ferrari 250 Testa Rossa, 1956

Franco Scaglione
1916–1993

Bertone

Alfa Romeo BAT
Alfa Romeo Giulietta Sprint
NSU Prinz Sport
Apollo GT
Porsche-Abarth Carrera GTS
Lamborghini 350 GTV
Nissan Skyline Sprint
Alfa Romeo Tipo 33 Stradale
Intermeccanica Indra

Scaglione studierte Luftfahrttechnik in Bologna. Daran schloss sich der Militärdienst an, gefolgt vom Einsatz im Zweiten Weltkrieg, den Scaglione in englischer Gefangenschaft beendete. 1946 kehrte er nach Italien zurück. 1948 zog Scaglione nach Bologna und arbeitete einige Jahre als Modezeichner für die aufstrebende Textilindustrie. 1951 versuchte er, in Turin als Automobildesigner zu reüssieren, und bewarb sich zunächst bei Pininfarina. Kurz danach traf Scaglione Nuccio Bertone; aus der sporadischen Zusammenarbeit wurde eine stetige Geschäftsbeziehung. Die ersten aufsehenerregenden Projekte waren die B.A.T.-Modelle für Alfa Romeo, entstanden zwischen 1953 und 1955, aber auch das Design des ersten Giulia Sprint von 1953, dessen Ur-Entwurf von Giuseppe Scarnati stammte. Neben Alfa Romeo arbeitete Scaglione für Fiat-Abarth, Arnolt-Bristol und NSU. 1959 machte sich Scaglione selbstständig und designte für Carlo Abarth die modifizierten Porsche 356 B Abarth Carrera GTL. Weitere Entwürfe waren der erste Lamborghini 350 GTV, der ATS 2500 GT und der Prince/Nissan 1900 Skyline Sprint. In den 1960er Jahren kamen die Designs für Intermeccanica dazu (Apollo, Torino, Italia GFX, Italia IMX, Indra). 1967 entwarf Scaglione den legendären Alfa Romeo 33 Stradale, eines seiner letzten Designs. Scaglione hatte sein Vermögen in die Firma Intermeccanica investiert; als diese in Konkurs ging und der Miteigentümer sich nach Kanada absetzte, zog sich Scaglione enttäuscht aus der Autobranche und dem Design zurück. Von 1981 an lebte er bis zu seinem Tod in einem Dorf bei Livorno.

NSU Sport Prinz, 1959

Lamborghini 350 GTV, 1966

Alfa Romeo Tipo 33 Stradale, 1967

S

Giuseppe Scarnati
(?)

Alfa Romeo

Giulia Sprint
Giulia Berlina I and II
Alfetta

Scarnati war Chef der Karosserieentwicklung bei Alfa Romeo seit etwa 1935 und projektierte die wichtigsten Modelle des Unternehmens bis in die frühen 1970er Jahre. Auf seinen Basisentwurf geht der Giulia Sprint von 1953 zurück, der wegen eines Produktionsengpasses von Bertone gebaut und von Franco Scaglione überarbeitet wurde. Scarnati war verantwortlich für das „amerikanisierte" Design der Alfa Romeo Giulia Limousine von 1962 und für den Alfa Romeo Alfetta Berlina von 1972. 1975 übergab er an Ermanno Cressoni.

Alfa Romeo Giulietta, 1955

Alfa Romeo Giulia, 1965

Herbert Schäfer
1932

Auto Union
VW

Golf 1
Scirocco 2
Passat B2, B3

Schäfer machte eine Ausbildung zum Karosseriehandwerker und schloss 1952 die Meisterprüfung an. Danach studierte er an der Karosserie-Fachschule Kaiserslautern. Er begann bei Auto Union als Karosseriekonstrukteur und wurde Ende der 1950er Jahre Konstruktionsleiter in der Styling-Abteilung. Nach einer kurzen Periode bei Daimler-Benz ging Schäfer 1961 zum Volkswagen-Konzern nach Wolfsburg in die Karosserieentwicklung. Mit der Neuausrichtung von VW Ende der 1960er Jahre konzentrierte sich Schäfer auf das Design. 1971 übertrug man ihm die Designverantwortung im Bereich Forschung, 1972 wurde er Chefdesigner. Er begleitete die Designentwicklung der von Giugiaro entworfenen neuen Fronttriebler-Flotte (Golf, Polo, Passat, Scirocco) und verantwortete die Redesigns der nächsten Generationen. 1993 ging er in den Ruhestand, Nachfolger wurde Helmut Warkuß.

VW Passat B3, 1988

VW Passat B2, 1980

Schnell studierte Angewandte Kunst/ Gebrauchsgrafik an der Werkkunstschule Offenbach und startete 1952 bei Opel. 1961 ging Schnell für einige Monate zu GM Design nach Detroit, um Zeichen- und Entwurfstechniken, aber auch die Organisation eines Designstudios zu studieren. 1962 wurde er Studio-Assistent und 1964 Leiter des von Clare MacKichan neu aufgebauten Opel Advanced Design Studios „N 10", dem ersten europäischen Designstudio nach GM-Vorbild. Schnells erste Entwürfe für den späteren Opel GT datieren bereits aus dem Jahr 1962. Unter MacKichans Nachfolger Chuck Jordan, der von 1967 bis 1971 die Designabteilung bei Opel leitete, war Schnell maßgeblich an der Entwicklung verschiedener Studien und Concept Cars bei Opel beteiligt. Daneben erarbeitete er Serienmodelle wie den Rekord C, den Manta A, den Ascona B, den Kadett D und den Corsa A. In den 1980er Jahren war Schnell für den Opel Calibra und den Opel Vectra als Chefdesigner zuständig. 1992 ging er in den Ruhestand.

Erhard Schnell
1927

Opel

Rekord
Kadett
GT
Manta

Opel GT, 1969

Opel Rekord C, 1966

Opel Manta A, 1971

Nach einer Schlosserlehre studierte Seehaus an der Werkkunstschule in Wiesbaden Metallgestaltung und arbeitete danach fünf Jahre lang als Modelleur bei Ford. Mitte der 1960er Jahre stieg Seehaus bei BMW als Designer ein. Anfang der 1970er Jahre konzipierte er einen Rennwagen, mit dem Mario Andretti beim Rennen in Indianapolis an den Start ging. Seehaus war für die Serie „Art Cars" verantwortlich, BMW-Rennwagen, die seit 1975 von Künstlern wie Alexander Calder, Frank Stella, Roy Lichtenstein und Andy Warhol gestaltet wurden. Seehaus arbeitete auch als Sportgerätedesigner, entwarf Cockpits für Segel- und Sportflugzeuge und einen Zweier-Bob für den Deutschen Bob- und Schlittenverband.

Wolfgang Seehaus
1936

Ford
BMW

BMW Art Cars

BMW Art Car von Alexander Calder, 1975

S

Hans Seer
1937

Opel

Kapitän Series
Kadett D
Monza
Calibra

Seer studierte Industriedesign an der Essener Folkwangschule. 1962 ging er als Designer zur neuen Opel-Stylingabteilung. Von 1966 bis 1972 war Seer Studioleiter für die Oberklasse-Limousinen Kapitän, Diplomat und Admiral. 1971 wurde er Chefdesigner im Forschungsstudio (Renn- und Rallyewagen, Konzeptstudien), ab 1977 verantwortete er die Volumenmodelle Kadett und Monza und arbeitete in den Achtzigerjahren an der neuen Generation, war Studioleiter für die Modelle Vectra und Calibra. 1996 wurde Seer der erste deutsche Designchef des Unternehmens. 2002 ging er in den Ruhestand.

Opel Senator/Monza, 1978

Opel Calibra, 1989

Luigi Segre
1919–1963

Ghia

VW Karmann Ghia
Renault Fregatte
Renault Dauphine

Segre arbeitete in der väterlichen Baufirma bis zum Ausbruch des Zweiten Weltkriegs. Er schloss sich Partisanen an und kämpfte später unter amerikanischem Kommando. Nach dem Krieg ging er zur Firma Siata in Turin. Um 1951 wurde Segre von Mario Boano als Designer und Konstrukteur für die Carrozzeria Ghia eingestellt. In den folgenden Jahren konnte Segre als Designer überzeugen und für das Unternehmen wichtige Auftraggeber wie Chrysler oder Volkswagen gewinnen. Virgil Exner wurde ein enger Designerkollege und Geschäftspartner von Segre. Boano und Segre zerstritten sich wegen der Ausrichtung der Firma, Boano ging 1953 zu Fiat, Segre wurde Geschäftsführer von Ghia. Neben eigenen Entwürfen für VW und Renault beauftragte er auch Designer wie Pietro Frua. Segre wollte Ghia nach dem Vorbild von Pininfarina und Bertone zum Produktionsbetrieb ausbauen, kaufte andere Werkstätten und Zulieferer auf und gründete mit Partnern die Firma O.S.I. 1963 starb Segre an den Folgen einer Operation.

VW Karmann Ghia, 1957

Virgil Exner und Luigi Segre, 1951

Chrysler Ghia Special, 1953

Lawrence Kiyoshi Shinoda
1930–1997

Ford
GM
Eigenes Studio

Chevrolet Corvette
Ford Mustang Boss
Jeep ZJ

Shinoda studierte Kunst am Pasadena City College und nach seinem Wehrdienst Design am Art Centre College in Los Angeles. Nach einem kurzen Einsatz bei Ford 1955 wechselte er zu Studebaker/Packard. Ende 1956 wurde er Designer bei GM. Seine ersten Produktionsentwürfe galten dem 1961er Pontiac Tempest. 1958 entwarf er gemeinsam mit Bill Mitchell den XP-87 Stingray Rennwagen. Shinoda war danach verantwortlicher Designer für das Design der 1963er Corvette. Das nächste Projekt war der Mako Shark II, der als Vorlage für die Corvette-Generation von 1968 diente. Shinoda designte Rennsportwagen und sportliche Prototypen auf Corvette- und Corvair-Basis, teilweise gemeinsam mit Anatole Lapine. Als 1968 der ehemalige GM-Manager Knudsen Präsident von Ford wurde, holte er einige ehemalige GM-Kollegen nach, darunter auch Shinoda. In den wenigen Monaten, die Knudsen an der Spitze blieb, designte Shinoda den neuen Mustang der Jahre 1970 bis 1973. 1970 machte sich Shinoda als Designberater selbstständig und arbeitete für GM, Ford und AMC.

Chevrolet Corvette Mako Shark, 1963

Ford Mustang Boss, 1970

Karl Schlör
1911–1997

AVA

Schlörwagen

Schlör (eigentlich Karl Schlör von Westhofen-Dirmstein) war bis 1936 Ingenieur bei Krauss-Maffei und wechselte dann an die Aerodynamische Versuchsanstalt (AVA) Göttingen. 1938 begann er mit den vom Verband der deutschen Automobilindustrie geförderten Arbeiten an einem aerodynamischen Großraumauto, das 1939 der Öffentlichkeit präsentiert wurde. Der sogenannte Schlörwagen hatte einen Strömungswiderstandskoeffizienten (c_W-Wert) von 0,186, nicht nur für damalige Verhältnisse sensationell niedrig. Auf dem stark modifizierten Fahrgestell eines Mercedes-Benz 170 H entstand eine vollkommen geschlossene Karosserieform von über zwei Metern Breite, die allerdings stark seitenwindempfindlich war. Der Wagen hatte sieben Sitze in drei Reihen, das Steuer saß mittig in der ersten Sitzreihe. Der wegen seiner Form auch „Göttinger Ei" genannte Wagen verschwand kurz nach Ende des Zweiten Weltkriegs. Schlör arbeitete in den 1950er Jahren als Ministerialbeamter in Bayern.

Schlörwagen, 1939

Schlörwagen, 1939

S

Ercole Spada
1937

Zagato
Ghia
BMW
I.De.A Institute
Spadaconcept

Aston Martin DB4 Zagato
Lancia Flavia Sport
Lancia Fulvia Zagato
Alfa Romeo Junior Z
BMW E32, 34
Fiat Tipo
Alfa Romeo 166

Spada studierte Maschinenbau in Mailand. 1960 bewarb er sich bei der Carrozzeria Zagato und stieg schon nach wenigen Monaten zum Chefdesigner auf. Einer seiner ersten Aufträge war der Aston Martin DB4 Zagato. Weitere spektakuläre Entwürfe waren für Alfa Romeo der Junior Zagato, das Modell 2600 SZ und der Lancia Fulvia Sport. 1969 ging Spada als Chefdesigner zu Ghia und erarbeitete Ford-Studien. 1977 wechselte Spada als Chefdesigner zu BMW. Gemeinsam mit Claus Luthe entwarf er die Baureihen E32 (7er) und E34 (5er). 1983 ging Spada nach Italien zurück und wurde Designchef von I.DE.A Institute, wo er Großserienfahrzeuge für den Fiat-Konzern auf der neu entwickelten Tipo-Plattform gestaltete; u.a. auch für Alfa Romeo und Lancia. Spadas letzter Entwurf für den Fiat-Konzern war der Alfa Romeo 166. Nach einem kurzen Gastspiel bei Zagato gründete Spada 2006 mit seinem Sohn Paolo und Domiziano Boschi in Turin das Designbüro Spadaconcept.

Lancia Fulvia Sport, 1965

Alfa Romeo Junior, 1969

BMW E32, 1986

Alfa Romeo 166, 1998

Gil Spear studierte Design am Pratt Institute und begann 1937 bei GM. 1938 ging er zu Norman Bel Geddes und arbeitete dort am „Futurama"-Pavillon für die Weltausstellung 1939. Danach wechselte Spear zu Chrysler unter Robert Cadwallader. 1942 ging er zum Karosserielieferanten Briggs. 1947 wurde Spear Designer bei Ford. Er war dort für die Produktion der

Modelljahrgänge 1949 bis 1951 verantwortlich und übernahm dann die Aufgabe der Reorganisation des Ford Advanced Studio für Zukunftsstudien. Spear wurde Anfang der 1960er Jahre Leiter der internationalen Lincoln/Mercury-Studios und 1967 Chefdesigner bei Ford England für das Design des Capri. 1974 ging Spear in den Ruhestand.

Gil A. Spear
1915–2009

Bel Geddes
Chrysler
Ford

1942 Chrysler
1950 Ford
Ford Capri 1

Chrysler, 1942

Ford Muroc Studie, 1952

Ford Capri 1, 1968

Spring studierte Ingenieurwesen am Pariser Polytechnikum und arbeitete zunächst bei einer Wagenfabrik in Ohio. Seit den frühen 1920er Jahren war er Designer bei Murphy Coachbuilders, 1924 wurde er dort Geschäftsführer. 1931 ging er als Chef der Karosseriekonstruktion zu Hudson. Spring wollte bereits 1937 eine niedrige Dachlinie durchsetzen, scheiterte

aber am Widerstand des konservativen Managements. Erst 1947 kamen die revolutionären „Step Down"-Hudson-Modelle auf den Markt, die das Unternehmen für eine kurze Zeit zum Design-Vorreiter machten. 1954 erschien der Sportwagen Hudson Italia, der unter Springs Leitung designt und von Touring gebaut worden war.

Frank Spring
1893–1959

Hudson

Hudson Commodore
Hudson Italia

Hudson Commodore, 1949

S

Clifford Brooks Stevens
1911–1995

BSA

Willys Jeepster
Jeep Wagoneer
Harley-Davidson Hydra-Glide
Wienermobile
Studebaker Hawk GT
Excalibur

Stevens zeichnete bereits als Kind Autos, die er gemeinsam mit seinem Vater, einem Designer und Ingenieur, auf Shows gesehen hatte. 1933 begann er ein Architekturstudium an der Cornell University, das er 1935 abbrach. Danach eröffnete er ein Studio für Design in Milwaukee, das rasch wuchs. Stevens designte Spielzeug, Küchen- und Elektrogeräte, entwarf Logos und formulierte seine Theorie, dass sich Design für den Auftraggeber doppelt auszahlt: durch einen höheren Verkaufspreis und eingesparte Produktionskosten. Nach dem Krieg designte Stevens den Army Jeep in ein Freizeit- und Familienfahrzeug um,

den Jeepster. 1954 prägte er den Begriff der „planned obsolescence", der künstlichen Alterung der Produkte. Die Doktrin, dass Design nur ein bewusst vergängliches Attribut für den Verkauf sei, wurde vor allem in Europa scharf kritisiert. Stevens war Gründungsmitglied der Industrial Designers Society of America IDSA und unterrichtete am Milwaukee Institute of Art and Design. In den späten 1950er und frühen 1960er Jahren designte er für Kaiser-Frazer den Jeep Wagoneer, für Studebaker den Gran Turismo Hawk, die Harley-Davidson Hydra Glide und sein eigenes Dream Car, den Excalibur, eine Mercedes-Replica.

Studebaker Hawk GT, 1962

Wienermobile, 1958

Jeep Wagoneer, 1963

Peter Stevens
1945

Ogle
Lotus
McLaren
MG-Rover
Mahindra

Jaguar XJR-15
McLaren F1
MG-Z Cars
Rover 25, 45, 75

Stevens studierte Design am Royal College of Art. Seine erste Station als Designer war Ford, dann ging er zu Ogle Design. In den 1980er Jahren wurde er Chefdesigner bei Lotus, überarbeitete den Lotus Esprit und entwarf den zweiten Lotus Elan. 1989 designte er den Jaguar XJR-15. Anschließend wurde er Designchef bei McLaren Cars und entwickelte den Supersportwagen McLaren F1. Da-

nach arbeitete er als Designberater für BMW, Williams und Toyota. 1998 wurde Stevens Professor für Vehicle Design am Royal College of Art in London. Im Jahr 2000 ernannte man ihn zum Design Director der MG-Rover Group, wo er die „Z"-Modelle verantwortete und die Rover-Modelle 25, 45 und 75. Seit 2003 war Stevens Designberater für Mahindra bis 2005.

Jaguar XJR-15, 1989

McLaren F1, 1991

MG-Z, 2000

Peter Szymanowski
1902–(?)

Horch
BMW

BMW 328
BMW 501, 502

Szymanowski studierte Karosseriebau und arbeitete zunächst bei Horch. Etwa 1935 begann er bei BMW unter dem damaligen Chefdesigner Wilhelm Meyerhuber. Szymanowski hat großen Anteil am Design des legendären BMW 328 und an der zukunftsweisenden Designsprache der Marke in den späten 1930er und frühen 1940er Jahren (Modelle 327 und 326). 1948 begann Szymanowski bei BMW mit dem Wiederaufbau der Design-

abteilung und wurde schließlich Chefdesigner. In dieser Funktion entwarf er die großen Nachkriegsmodelle BMW 501 und 502. Diese Designs waren weniger modern als die Vorkriegsentwürfe, aber man fürchtete bei BMW, modernes Styling (z.B. von Pininfarina) könnte schneller veralten und die Marke in Schwierigkeiten bringen. 1955 wurde Szymanowski von Wilhelm Hofmeister abgelöst.

BMW 502, 1957

BMW 502 Coupé, 1955

T

Richard A. Teague
1923–1991

GM
Packard
Chrysler
AMC

Packard Caribbean, Packard Panther
Packard Balboa
Rambler Ambassador
Javelin
AMX, GMX
Gremlin
Pacer
Jeep Cherokee

Als Jugendlicher war Teague in der Hot-Rod-Szene von Kalifornien verwurzelt. Nach der High School arbeitete er als technischer Zeichner beim Flugzeughersteller Northrop und studierte ab 1942 Design am Art Center College Pasadena. 1948 begann Teague als Designer bei GM im Studio von Edmund E. Anderson. Er arbeitete für Cadillac und Oldsmobile. 1951 verließ er GM. Sein ehemaliger Vorgesetzter Frank Hershey war mittlerweile Designchef bei Packard und bot Teague eine Stelle an. 1952 ging Hershey zu Ford; Teague stieg so zum Packard-Chefdesigner unter Edward Macauley auf. In den folgenden Jahren war das Design der Packards von Teagues Lösungskonzepten trotz fehlender Ressourcen geprägt: Dem Unternehmen ging es so schlecht, dass die Mittel für Neuentwicklungen fehlten. Daher mussten viele Gleichteile produziert und konnten nur minimale Designänderungen realisiert werden. Teagues Talent war es zu verdanken, dass die Packards trotzdem neu designt aussahen. Teague entwarf die Modelle Caribbean, Panther, Balboa, Request und das Predictor Concept Car. Mit der Schließung der Autoproduktion 1957 wechselte das komplette Designteam zu Chrysler. Teague wurde Chefdesigner, während sich Designchef Virgil Exner in der Rehabilitation von einem Herzinfarkt befand. Interne Machtkämpfe sorgten dafür, dass Teague 1958 Chrysler den Rücken kehrte. 1959 wurde er Chefdesigner bei AMC unter seinem alten GM-Vorgesetzten Anderson. Als dieser 1961 in den Ruhestand ging, wurde Teague sein Nachfoger; 1964 ernannte man ihn zum Design Vice President. In seiner Zeit bei AMC kamen Teague seine Erfahrungen bei Packard zugute: Auch bei AMC musste mit Gleichteilen gearbeitet werden. Teague entwickelte bereits Ende der 1960er Jahre ein Plattform-Konzept, lange bevor andere Konzerne daran dachten. Trotzdem sahen viele AMC-Modelle der 1960er und 1970er Jahre aufregender und individueller aus als die Konkurrenten. Mit den Modellen Ambassador, Javelin, Pacer, AMX, Gremlin und dem Jeep Cherokee hinterließ Teague seine Handschrift im US-Automobildesign. 1983 ging er in den Ruhestand.

AMC Rambler, 1965

AMC Pacer, 1975

AMC Javelin AMX, 1971

Jack (John) Telnack
1937

Ford

Ford Mustang II, Mustang III
Ford Thunderbird
Lincoln Town Car
Ford Taurus
Ford Probe

Telnack studierte am Art Center College of Design in Pasadena und begann 1958 in der Stylingabteilung von Ford. 1965 wurde er Chefdesigner der Lincoln-Mercury Division. Ein Jahr später stieg er zum Designchef von Ford Australia auf. 1969 kehrte er nach Dearborn zurück und übernahm die Leitung des Mustang-Studios. Dort wurde am Nachfolger der so erfolgreichen ersten Generation gearbeitet. 1974 wurde er Vice President of Design für Ford Europa und arbeitete in Köln und Dagenham. 1979 zog er zurück in die USA und übernahm die Leitung des Studios für den Ford Mustang III und den Ford Thunderbird. Geprägt von der europäischen Designsprache, versuchte Telnack ab den 1980er Jahren, einen neuen Stil für Ford USA zu lancieren. Sein Team Taurus entwickelte den gleichnamigen Ford 1986 und läutete damit eine kommerziell erfolgreiche und gestalterisch auf die Aerodynamik fokussierte Stilistik ein. Als Vice President Design prägte Telnack alle amerikanischen Ford-Modelle der späten 1980er und 1990er Jahre und unterstützte das New Edge Design der 1990er Jahre, das Ford in Europa mit den Modellen Ka und Focus erfolgreich machte. 1997 ging Telnack in den Ruhestand.

Ford Mustang III, 1979

Ford Taurus, 1986

Lincoln Town Car, 1990

Betty Thatcher Oros
1917–2001

Hudson

Thatcher studierte an der Cleveland School of Arts Industrial Design. Als sie 1939 bei Hudson begann, war sie die erste fest angestellte Designerin in der Automobilindustrie. Hudson wollte das Interior und Exterior Design seiner Wagen auch aus weiblicher Sicht gestaltet wissen. Für den 1941er Hudson arbeitete Thatcher sowohl an der Innenausstattung als auch an der Karosserie. 1940 lernte Thatcher den damaligen Cadillac-Designer Joe Oros kennen; die beiden heirateten 1941. Um Konflikte mit den jeweiligen Arbeitgebern zu vermeiden, stieg Thatcher Oros bei Hudson aus und gab ihre Designer-Karriere auf.

Werbung für Hudson, 1941

T

John Tjaarda
1897–1962

Briggs

Briggs Dream Car
Stout Scarab

Tjaarda wurde als Joop van Sterkenburg in den Niederlanden geboren. Er studierte Luftfahrttechnik in England, arbeitete beim Flugzeughersteller Fokker und diente als Pilot in der niederländischen Luftwaffe. 1923 wanderte er in die Vereinigten Staaten aus. Er ließ sich als Customizer in Hollywood nieder und arbeitete für Duesenberg und Harley Earl. Ende der 1920er Jahre entwickelte Tjaarda seine Idee eines aerodynamisch perfekten Autos, genannt Sterkenberg. Daraus resultierte eine Anstellung beim Karosseriehersteller Briggs, für den Tjaarda das Briggs Dream Car designte. Ford übernahm das Design-

konzept für den 1936er Lincoln Zephyr, das erste Streamline-Auto der USA. Bei Ford wurde es von Bob Gregorie überarbeitet. Für den Ingenieur Stout designte Tjaarda 1935 den Van Scarab. Tjaarda blieb Briggs als Designer treu und entwarf auch Küchen und Haushaltsgeräte.

Stout Scarab, 1935

Tom Tjaarda
1934

Ghia
Pininfarina
OSI
Ghia/Ford
Eigenes Studio

Ghia Selene
Corvette Rondine
Fiat 124
De Tomaso Pantera
Ford Fiesta 1
Lancia Y10

Tom Tjaardas Vater war der Designer John Tjaarda. Von 1953 bis 1958 studierte Tjaarda Architektur und Industriedesign an der Universität von Michigan. 1956 lernte er Luigi Segre, den Chef der Carrozzeria Ghia kennen und zwei Jahre später ging Tjaarda nach Italien zu Ghia. Dort arbeitete er am Karmann-Ghia Typ 34 mit und entwarf das Concept Car Selene. 1961 wechselte Tjaarda zu Pininfarina. Aus seinem Design des Corvette Rondine entstand später der Fiat 124. 1964 ging Tjaarda für kurze Zeit zum amerikanischen Designer Eliott Noyes, kehrte jedoch nach einem Jahr zu Pininfarina zurück. Danach arbeitete Tjaarda für OSI und Giugiaros Italdesign, bevor er 1968 Chefdesigner von Ghia wurde. Er entwarf viele Modelle für die Marke De Tomaso, da Ghia damals im Besitz von Alejandro

de Tomaso war. 1970 übernahm Ford Ghia und Tjaarda bekam den Posten des Designchefs. Unter seiner Leitung wurde die erste Serie des Ford Fiesta entwickelt. 1977 wechselte Tjaarda zum Fiat Centro Stile. Neben dem Design des Lancia Y10 war er mit der Überarbeitung verschiedener Modelle aus dem Konzern (auch Lancia und Seat) für außereuropäische Märkte betraut. 1984 gründete Tjaarda sein eigenes Designstudio in Turin.

Fiat 124 Spider, 1965

Lancia Y10, 1986

Ford Fiesta 1, 1976

Carrozzeria Touring
1926–1966

Alfa Romeo
Lancia
Hudson
Aston Martin
Lamborghini

Felice Bianchi Anderloni und sein Geschäftspartner Gaetano Ponzoni erwarben 1926 die Mehrheitsanteile an der Carrozzeria Falco und benannten sie in Carrozzeria Touring um. Touring entwickelte ein aus dem Flugzeugbau bekanntes Leichtbauprinzip aus Stangen und Metallprofilen weiter und ließ es als „Superleggera" patentieren. Die Konstruktion wurde dadurch leichter als die üblichen Holzrahmenkonstruktionen und Prototypen konnten schneller gebaut werden. Das zweite Ziel der Gründer war die Reduzierung des Luftwiderstands. Touring führte in den 1930er Jahren Tests im Windkanal durch, damals etwas Besonderes. Ende der 1930er Jahre hatte sich Touring neben Pininfarina als eine der ersten Adressen für Spezialkarosserien an Renn- und Sportwagen etabliert. Sowohl Alfa Romeo als auch BMW vertrauten für ihre Mille-Miglia-Fahrzeuge auf Touring-Designs. Nach dem Tod Anderlonis 1948 übernahm sein Sohn Carlo Felice Bianchi Anderloni die Geschäftsführung. Die 1950er Jahre waren die erfolgreichste Zeit der Firma: Anderlonis Designs waren gefragt, das Superleggera-Prinzip war für Kleinserien von Sportwagen der Oberklasse noch zeitgemäß. Neben Alfa Romeo, Lancia und Maserati ließen auch Hudson und Aston Martin bei Touring fertigen. Zu Beginn der 1960er kam Lamborghini hinzu. In dieser Zeit bemühte sich Touring um einen Großauftrag der Rootes-Gruppe und baute eine neue Fabrik in Nova Milanese. Fehlende Auslastung führte zur Schließung des Unternehmens 1966.

BMW 328 Mille Miglia, 1939

Alfa Romeo C52, 1952

Maserati 3500, 1957

Hudson Italia, 1954

Aston Martin Lagonda Rapide, 1961

T

William Towns
1936–1994

Rootes
Rover
Aston Martin
British Leyland

Rover-BRM
Aston Martin DBS
Aston Martin Lagonda
Jensen Healey
Reliant Scimitar SS

Towns begann seine Designerlaufbahn 1954 beim Rootes-Konzern, wo er im Interior Design arbeitete. 1963 wechselte er zu Rover unter David Bache; dort war er unter anderem mit dem Design des Rover-BRM-Rennwagens betraut. 1966 ging Towns zu Aston Martin; nachdem Touring 1966 schließen musste, wurde das Design wieder in einer eigenen Designabteilung entwickelt. Bei Aston Martin kümmerte sich Towns zunächst um das Interior Design und entwarf 1967/68 das erfolgreiche Modell DB S. Nach dessen Premiere 1969 entwarf Towns

im Auftrag von British Leyland Vorschläge für ein Triumph-Modell, aus dem später die Fließheck-Limousine Rover SD-1 wurde. Daneben erarbeitete Towns die Microcar-Konzepte Minissima (1972) und Microdot (1974); an beiden erwarb British Leyland die Rechte. In den 1970er Jahren wurde Towns der britische Protagonist des Keil-Designs. Er entwarf für Aston Martin 1974 die futuristische Lagonda-Limousine und 1980 die Studie Bulldog. Daneben war Towns als freiberuflicher Designberater für Jensen und Reliant tätig und schuf das Hustler Kit-Car.

Aston Martin DBS, 1968

Aston Martin Bulldog, 1980

Aston Martin Lagonda, 1976

Alexander Tremulis
1914–1991

Auburn Cord Duesenberg
American Bantam
LeBaron
Tucker
Kaiser-Frazer
Ford

Schon im Alter von 19 Jahren wurde Tremulis 1933 ohne Ausbildung und Studium Designer bei der Auburn-Cord-Duesenberg Company. Seine ersten Projekte waren die stilprägenden Cord-Modelle 810 und 812. Außerdem designte er Duesen-

berg-Cabriolets wie das Model J. 1936 wurde er zum Chefdesigner für Auburn-Cord-Duesenberg ernannt, doch schon ein Jahr später schloss das Unternehmen. Danach arbeitete Tremulis kurz für GM, wechselte dann zu Briggs-LeBaron, dem Karosserie-

Cord 812, 1937

American Bantam, 1947

lieferanten von Chrysler und Packard, unter Designchef Ralph Roberts. Zwischen 1938 und 1939 war Tremulis freiberuflich für verschiedene Customizer und Unternehmen tätig, u. a. für Crosley und American Bantam. Als Tremulis Ende 1939 erneut zu LeBaron kam, wurde er gemeinsam mit Werner Gubitz und Howard „Dutch" Darrin auf das Projekt des neuen Packard Clipper gesetzt. Bei LeBaron entwarf Tremulis das erste Chrysler Show Car, den Thunderbolt von 1940/41. Dieses Design war zukunftsweisender und avancierter als das 1939 präsentierte erste Show Car Y-Job von GM, denn der Thunderbolt präsentierte eine moderne Pontonform mit versenkbaren Scheinwerfern und einer fast sachlich zu nennenden, schnörkellosen Formensprache. Nach dem Krieg arbeitete Tremulis im Designbüro Tammen & Denison, unter anderem für den Automobil-Entrepreneur Preston Tucker. Das Konzept für den Tucker-Prototypen war 1946 von George S. Lawson entwickelt worden;

als sich Tucker und Lawson zerstritten, übernahm Tremulis und brachte den Tucker Torpedo zur Produktionsreife. Von 1950 bis 1952 war Tremulis im Advanced Studio von Kaiser-Frazer für die Zukunftsvisionen des Unternehmens zuständig. 1952 wurde er von Elwood Engel für das Mercury-Studio und das Advanced Studio verpflichtet. Innerhalb der nächsten Jahre entwarf Tremulis eine Reihe von futuristischen Autokonzepten (teilweise in Zusammenarbeit mit Syd Mead), die zeigen sollten, dass Ford dem ewigen Rivalen GM ebenbürtig war. Zu den Concept Cars zählten der zweirädrige Ford Gyron, der 6-rädrige Ford Seattle-ite XXI, die Modelle X-1000 und X-2000. Es war nicht das erste Mal, dass Tremulis für seine Auftraggeber mit seinen Ideen zu weit voraus war. Tremulis verließ Ford 1963 und gründete eine eigene Beratungsfirma. Zu seinen letzten Auftraggebern aus der Automobilindustrie gehörte Subaru, für die er die BRAT-Modelle zwischen 1978 und 1987 entwarf.

Duesenberg Model J
Chrysler Thunderbolt
Tucker Torpedo
Cord 810/812
Ford Gyron
Ford Seattle-ite
Ford X-2000

Tucker Torpedo, 1947

Tremulis im Ford-Studio, 1957

Ford Seattle-ite, 1962

Ford Gyron, 1961

V

Suzanne Vanderbilt
1933–1988

GM

Interior Design Chevrolet

Vanderbilt studierte Design am Pratt Institute in New York und graduierte 1955. Sie wurde gemeinsam mit fünf weiteren Designerinnen Teil des werbewirksamen Teams der „Damsels of De-

Vanderbilt in einem Concept Car, 1957

sign". Vanderbilt wurde stellvertrende Studioleiterin für Cadillac und wechselte gegen Ende der 1950er Jahre in das Advanced Studio. 1961 nahm sie eine Auszeit, um an der Cranbrook Academy of Art einen Masterabschluss zu machen. Als sie 1965 zu GM zurückkehrte, musste sie wieder als Senior Designer beginnen. Sie blieb dem Studio II von Chevrolet über Jahre treu und wurde schließlich 1971 die erste Studioleiterin bei GM, im Chevrolet Interior Studio II. Krankheitsbedingt ging sie 1977 in den Ruhestand.

Carrozzeria Vignale
1946–1974
Alfredo Vignale
1913–1969

Fiat
Ferrari
Maserati
Tatra

Alfredo Vignale machte eine Lehre als Blechner. Im Alter von 17 Jahren begann er bei Stabilimenti Farina zu arbeiten und vervollkommente dort seine Fähigkeiten. 1948 gründete er gemeinsam mit seinen Brüdern die Carozzeria Alfredo Vignale in Turin. Die erste eigene Karosserie auf Basis eines Fiat 500 Topolino wurde im gleichen Jahr präsentiert und gewann einen Preis. Nach Karosserien auf Fiat-Basis folgten Ferrari Sport- und Rennsportwagen. Vignale arbeitete sich innerhalb weniger Jahre zu einem bekannten Karosserie- und Designstudio hoch, auch dank der Entwürfe von Alfredo Vignales engem Freund

Giovanni Michelotti. Nach einer Phase exklusiver Einzelanfertigungen und Kleinstserien expandierte Vignale mit dem Bau einer neuen Fabrikhalle 1961. Fast alle Maserati-Modelle der 1960er Jahre (3500 Spider, Sebring I, Sebring II und Mexico) wurden bei Vignale gefertigt. Daneben gab es Kleinserien auf Fiat-Basis und für OSCA. Für Tatra designte Vignale die Karosserie des Typs 613 und baute Prototypen für eine geplante Serienfertigung ab 1970. Zur gleichen Zeit geriet Vignale wie andere Carrozzerie auch in schweres wirtschaftliches Fahrwasser. Das Unternehmen wurde 1969 an die Carrozzeria Ghia ver-

Maserati Mexico, 1968

kauft, die bereits De Tomaso gehörte. Alfredo Vignale starb kurz nach dem Verkauf. Der Name Vignale bestand noch einige Jahre weiter und gehört seit der Übernahme von Ghia 1970 dem Ford-Konzern.

Ferrari Barchetta, 1951

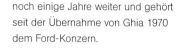

Fiat 1500 Monterosa, 1960

Tatra 613 Coupé Studie, 1969

Volanis wurde in Griechenland geboren. Nach dem Ingenieurstudium arbeitete er bei Renault in der Karosserieentwicklung und entdeckte seine Leidenschaft für das Design. 1971 begann er seine Laufbahn bei Matra als Designer. Bis 1982 designte er alle Fahrzeuge des Konzerns: den dreisitzigen Bagheera und seinen Nachfolger Murena, außerdem den SUV-Vorläufer Rancho. Volanis entwarf auch den ersten Monospace-Van in Europa. Das von Matra erarbeitete Konzept wurde von Renault für das Modell Espace übernommen, nachdem es zuvor von Peugeot abgelehnt worden war. Der Citroën Xsara Picasso basiert ebenfalls auf einer Studie von Volanis. 1982 gründete er die Designberatung Design Volanis S.A. in Paris, die neben Fahrzeugen auch Möbel und Maschinen gestaltet.

Antoine Volanis
1948

Matra
Eigenes Büro

Matra Bagheera, Murena
Matra Rancho
Renault Espace 1

Matra-Simca Rancho, 1980

Matra Bagheera, 1975

Innenraum-Konzept Renault Espace, 1980

Renault Espace, 1980

George Walker
1896–1993

George Walker Design
Ford

Nash
'49er Ford
'51er Mercury
'55er Thunderbird

Walker wurde während seiner Schulzeit Football-Semiprofi, studierte dann an der Cleveland School of Art und am Otis Art Institute der Parsons School of Design in Los Angeles. Ab 1920 arbeitete er als Modeillustrator und Art Director für Kaufhäuser und Druckereien in Cleveland. 1928 wurde er Illustrator für die Automarken Peerless und Graham-Paige. Während der Wirtschaftskrise gingen beide Automarken bankrott. Der Designer Amos Northup riet Walker deshalb, sich in Detroit selbstständig zu machen. Walker arbeitete nun für den Teilelieferanten Dura, über den er mit Ford in Kontakt kam. 1934 spezialisierte sich Walker vollständig auf Industrial Design. Walker unterbot Konkurrenten wie Helen Dryden und Raymond Loewy und erarbeitete sich mit Verkaufstalent und erfahrenen Mitarbeitern wie Joe Oros und Elwood Engel einen großen Kundenstamm, zu dem Ende der 1930er Jahre Nash und International Harvester gehörten. 1945 ergab sich die Gelegenheit, als Designberater bei Ford einzusteigen. Das geplante Modell für 1949, von Designchef Bob Gregories Team entworfen, erschien einigen Ford-Managern zu altmodisch. Das von Walkers Team designte Modell wurde der sehr erfolgreiche 1949er Ford, für dessen Urheberschaft es verschiedene Versionen gibt (Caleal, Koto, Oros, Engel). Nach weiteren erfolgreichen Entwürfen für das Unternehmen ('50er Lincoln, '51er Mercury, '52er Ford, '55er Thunderbird) wurde Walker 1955 zum Vice President und Styling Director ernannt. Walkers Mitarbeiter Oros, Engel und Eugene Bordinat wurden in den folgenden Jahren Studioleiter und wichtige Impulsgeber für das Ford-Design. Walker etablierte ein Advanced Design Studio nach GM-Vorbild, das Studien und Concept Cars erarbeitete und auf den „Stylerama"-Shows publikumswirksam präsentierte. 1961 zog sich Walker nach Florida zurück. Gemeinsam mit Harley Earl und Raymond Loewy gehörte er zu den legendären Designern der „goldenen Epoche" zwischen 1930 und 1960, die das Industrial und Automotive Design stilistisch geprägt haben und auch mit ihren Charakteren zum Mythos des amerikanischen Designers der ersten Stunde beitrugen.

Walker mit William Clay Ford, 1957

Lincoln Cosmopolitan, 1952

Ford Thunderbird, 1955

Warkuß machte eine Lehre als Graveur und schloss eine Ausbildung zum Metalltechniker mit Schwerpunkt Gestaltung an. 1964 begann er als Designer bei Mercedes-Benz, zwei Jahre später wechselte er zu Ford Köln. 1968 ging er schließlich zu Audi. Der Audi 80 und Audi 100 waren die wichtigsten Projekte dieser Jahre. 1976 wurde Warkuß die Gesamtverantwortung für das Design übertragen. 1993 folgte er seinem ehemaligen Audi-Chef Ferdinand Piech zu Volkswagen. Dort richtete er das Design der Marke neu aus und etablierte eine rundere Stilistik. Das erste Modell in der neuen Designsprache wurde der Passat B5. Zu Warkuß' Leistungen zählen neben dem Golf IV vor allem die Durchsetzung des New-Beetle-Konzepts (Designer J. Mays und Freeman Thomas), das für das Image der Marke in den USA wichtig war. Im Zuge der neuen Konzernstrategie verantwortete Warkuß bis zu seinem Ausscheiden 2003 auch das Design von Bugatti und Skoda.

Hartmut Warkuß
1940

Daimler-Benz
Ford
Audi
VW

Audi 80, Coupé
Audi 100
VW Passat B5
Golf IV

Audi 100 Avant, 1983

Audi 80, 1978

VW Passat B5, 1996

VW Golf IV, 1997

Weissinger war seit 1928 bei Chryslers Art & Colour Studio unter Ralph Roberts als Designer angestellt. Mit der Series Six von 1931 stellte sich Chrysler technisch und ästhetisch neu auf; das schlanke und niedrige Design der Wagen stammte von Herb Henderson und Weissinger. Nach dem Zweiten Weltkrieg wechselte Weissinger zum Kaiser-Frazer Konsortium, das 1947 das erste komplett neu designte Automobil der USA anbot. In den nächsten Jahren arbeitete er an Designs, die teilweise von Designchef Howard Darrin konzipiert wurden, wie dem 1951er Modell. Das Redesign des 1954er Kaiser Manhattan bzw. Special ist dagegen eine Arbeit von Arnott Grisinger und Weissinger. Mit dem Niedergang von Kaiser sah sich Weissinger nach einer neuen Position um und fand sie 1954 als Chefdesigner im Dodge-Studio unter dem neuen Design Director Virgil Exner.

Herbert Weissinger
1896–1993

Chrysler
Kaiser-Frazer

Chrysler Imperial Eight
Chrysler Series Six
Kaiser-Frazer Manhattan

Kaiser-Frazer Manhattan, 1954

W

Gérard Welter
1942

Peugeot

Peugeot 204, 205, 407, 907

Welter wurde bereits zu Beginn seines Kunststudiums 1960 im Alter von 18 Jahren von Paul Bouvot für die im Aufbau befindliche Stylingabteilung bei Peugeot engagiert. Sein erstes Projekt war das Modell 204, es folgten die Entwürfe für die Modelle 304 und 604. 1975 wurde Welter zum Chefdesigner ernannt. Während der 1960er und 1970er Jahre war Pininfarina der Lieferant vieler Peugeot-Designs; erst mit dem Modell 205

von 1984 konnte Welter eine eigene Designlinie etablieren. 1998 wurde er Designchef des Centre Style Peugeot und lancierte eine Reihe von Studien und Zukunftskonzepten für die Marke. 2007 übergab Welter an Jérôme Gallix. Welter betrieb von 1969 bis 2008 ein Rennteam, das 1988 auf der Hunaudières-Geraden von Le Mans die Rekordgeschwindigkeit von 405 km/h erreichte.

Peugeot 205, 1984

Peugeot 407, 2004

Peugeot Studie 907, 2005

Karl Wilfert
1907–1976

Steyr
Mercedes-Benz

MB W110/11
W113

Wilfert studierte Maschinenbau in Wien und war ab 1926 Konstrukteur bei Steyr. 1929 wechselte er zu Mercedes-Benz, wo er seine Karriere 1974 als Leiter der Karosserieentwicklung beschloss. Wilfert begann in der Mercedes-Benz Forschungsabteilung. 1955 wurde er Leiter der Karosserieentwicklung, zu der damals auch die Stilistik gehörte, da Mercedes noch

keine reine Designabteilung hatte. Mit Wilfert arbeiteten neben dem Chefdesigner Friedrich Geiger auch Bruno Sacco und Paul Bracq. Neben dem Design war Wilfert beim Thema Fahrzeugsicherheit engagiert, was u. a. zu Designentwicklungen wie schmutzabweisenden, geriffelten Rückleuchten, einem großem Lenkrad-Pralltopf und seitlichen Schutzplanken führte.

Mercedes 230 SL, 1963

Mercedes 600 Coupé Studie, 1966

Jan Wilsgaard
1930

Volvo

Volvo 122
Volvo 164
Volvo 140
Volvo 240
Volvo 740
Volvo 850

Wilsgaard wurde in New York geboren. Er studierte Innenarchitektur und Design in Göteborg. 1950 begann er als Stylist bei Volvo. Sein erstes großes Projekt war der Nachfolger des antiquierten Modells PV 444, der Amazon bzw. Typ 121, der 1956 auf den Markt kam. Es folgten zahlreiche Limousinen und Kombis, die Volvos Ruf für zuverlässige Mittelklassewagen ohne Schnörkel untermauerten: die Serien 164, 140 und 240.

Volvo machte die Kombi-Variante zur normalen Karosserieform. Mit der Ausrichtung des Unternehmens auf den amerikanischen Markt wurden die Designs kantiger; beginnend mit dem Typ 240 und extrem beim Typ 760. Wilsgaard bekannte sich zu einem simplen Design, das seiner Meinung nach schön war. 1991 übergab Wilsgaard den Posten als Designchef an Petre Horbury.

Volvo 122 Amazon, 1956

Volvo 240, 1975

Volvo 142, 1968

Oliver Winterbottom
(?)

Jaguar
Lotus

Lotus Eclat
Lotus Esprit II
Lotus Excel
TVR Tasmin

Winterbottom begann seine Laufbahn bei Jaguar 1966 und arbeitete nach der Übernahme durch British Leyland an einem Nachfolgemodell für den E-Type, Codename XJ-21. 1971 wechselte er zu Lotus und entwarf dort die keilförmigen Modelle der 1970er Jahre: Elite, Eclat und Excel. Ende der 1970er Jahre machte sich

Winterbottom selbstständig und arbeitete u. a. für TVR (Tasmin 1978). 1981 kehrte er zu Lotus zurück und entwickelte den Typ M100, der aber von Peter Stevens zur Produktionsreife gebracht wurde. Seit 2008 war Winterbottom Designberater für die chinesische Firma SAIC Motors.

TVR Tasmin, 1978

Lotus Eclat, 1978

Z

Carrozzeria Zagato
1942–1980
Ugo Zagato
1890–1968

Alfa Romeo
Lancia
Aston Martin

Lancia Fulvia Sport
Lancia Flavia Sport
Abarth 750 GTZ
Aston Martin DB4 GT
Alfa Romeo Junior Z
Lancia Hyena

Ugo Zagato kam über Umwege zum Karosseriebau. Nach diversen Tätigkeiten und dem Militärdienst arbeitete er in einem Kutschbaubetrieb und in einer Fabrik für Flugzeuge. Dort lernte er neben aerodynamischen Grundlagen auch die Technik des Gitterrohrrahmen- und Leichtbaus kennen, die er später auch für seine Automobilkarosserien einsetzte (ähnlich wie Touring). 1919 gründete er die Carrozzeria Zagato, die sich von Anfang an auf sportliche Automobile konzentrierte. Da Zagato nicht wie viele andere Carrozzerie in Turin, sondern in Mailand saß, wurde Alfa Romeo auf ihn aufmerksam und ließ seine Rennwagen vom Typ 6C 1500 und 6C 1750 von Zagato verkleiden. 1921 designte er eine Karosserie für den Alfa Romeo G1. In den 1930er Jahren kamen weitere Hersteller zu Zagato; bei der Mille Miglia von 1938 hatten 38 Teilnehmer ihre Wagen

von Zagato karossieren lassen. In den 1950er Jahren stiegen Zagatos Söhne Gianni und Elio in die Firma ein, Elio wurde Designchef. Zwischen 1955 und 1970 wuchs die Firma und baute Kleinserien für Alfa Romeo, Lancia und Aston Martin. Erkennungszeichen vieler Modelle war das sogenannte „double-bubble-roof", zwei Auswölbungen auf dem Dach jeweils über dem Fahrer- und Beifahrersitz. Chefdesigner dieser Jahre war Ercole Spada. Zagato baute in den 1980er Jahren neben Spezialanfertigungen auch Prototypen und Concept Cars für Alfa Romeo (die von Robert Opron designten Modelle SZ und RZ). Der Lancia Hyena war das letzte Produktionsauto. Trotz mehrerer Umbenennungen und Geschäftsfeldwechsel konnte Zagato als eine der wenigen legendären italienischen Carrozzerie überleben, nicht zuletzt durch Investments global agierender Zulieferfirmen.

Maserati 450 S, 1957

Abarth 750 Z, 1957

Rover TCZ Studie, 1967

Lancia Flaminia Sport, 1957

Alfa Romeo Junior Z, 1969

Für dieses Kompendium wurden Designer ausgewählt, die seit dem Beginn des Autmobildesigns um 1890 durch kontinuierliche Beiträge oder spektakuläre Einzelleistungen Spuren in der Formgebung des Automobils hinterlassen haben. Ich bin mir bewusst, dass bei der ungeheuren Zahl der Menschen, die seitdem als Designer weltweit in der oder für die Automobilindustrie gearbeitet haben, mit großer Wahrscheinlichkeit einige nicht erwähnt, gebührend gewürdigt oder schlicht übersehen wurden. Auch musste für dieses Kompendium eine zeitliche Einschränkung getroffen werden, die meiner Ansicht nach mit einer organisatorischen und strategisch-gestalterischen Entwicklung zu begründen ist. Seit den 1990er Jahren hat ein tiefgreifender Wandel in Hinsicht auf die strategische Markenführung und damit verbunden das Corporate Design und Produktdesign stattgefunden. Die Designabteilungen der Automobilhersteller sind über den Globus verteilt, die ehemals großen externen Studios nicht mehr existent oder nicht mehr unabhängig: Bertone wurde 2012 insolvent, Pininfarina Ende 2015 an Mahindra verkauft, Italdesign wurde 2012 teilweise, 2015 ganz vom Volkswagen-Konzern übernommen. Man kann also durchaus konstatieren, dass die oben beschriebene historische Entwicklung zu einem gewissen Abschluss gekommen ist. Aus diesen Einschränkungen ergibt sich der zeitliche Horizont von circa 100 Jahren Automobildesign von 1890 bis 1990. Für das vorliegende Buch habe ich daher nur Designer aufgenommen, die heute nicht mehr maßgeblich und hauptberuflich Designentscheidungen treffen. Es wäre ein weiteres großes Kompendium nötig, um die Menschen und Entwicklungen zu beschreiben, die in den vergangenen 25 Jahren das Automobildesign geprägt haben.

In diesem Buch geht es hauptsächlich um das Exterior Design von Automobilen. Das Interior Design entstand zeitgleich mit den großen Stylingabteilungen für Exterior Design, konnte aber in der medialen Aufmerksamkeit nie die Bedeutung erlangen, die die Gestaltung der Außenflächen und -volumen erlangt hat – ein Automobil wird zuallererst und häufig ausschließlich von außen betrachtet. Zum Thema Interior Design/Dashboard/Panel Design müsste separat gearbeitet werden.

Design ist ein Beruf und eine Branche, die seit einem halben Jahrhundert wissenschaftlich untersucht und begleitet wird, aber die Geschichtsschreibung fokussiert aus verschiedenen Gründen sehr stark auf klar voneinander abzugrenzende Richtungen, Stile und Schulen. Das Automobildesign war in Europa bis vor wenigen Jahren kein ernst zu nehmendes Forschungsthema. Die Quellenlage ist schwierig, eigentlich nur durch Interviews mit Zeitzeugen und (spärlich vorhandenen oder schwer aufzufindenden) Pressemitteilungen aus den vergangenen Jahrzehnten zu beschreiben. Ich habe mich bei meinen Recherchen vorwiegend auf Fachmagazine gestützt, vor allem aber auf die Vielzahl von Webseiten, die von Unternehmen, Hochschulen, Verbänden und Einzelpersonen betrieben werden und sich dem Automobildesign und/oder einzelnen Vertretern gewidmet haben. In den USA gibt es die verbreitete Methode der „Oral History", bei der Zeitzeugen von Wissenschaftlern in langen Interviews zu ihrer Tätigkeit befragt werden. Daraus ergeben sich unschätzbare Quellen für die Rekonstruktion eines geschichtlichen Feldes, das von der Industrie schlicht vernachlässigt wird – die eigene Historiografie. Besonders hervorzuheben ist hier das Projekt der University of Michigan in Zusammenarbeit mit dem Benson-Ford-Forschungszentrum, das unter dem Titel „Automobile in American Life and Society; Automotive Oral Histories" seit den späten 1980er Jahren Designer nach ihrem Leben in der Industrie befragt (Werdegang, Arbeitsumfeld, Kollegen, Projekte etc.). Viele der Befragten sind mittlerweile gestorben – ohne ihre Aufzeichnungen würden wir viel weniger über die heroische Phase des Automotive Design zwischen 1930 und 1970 wissen. Da es Vergleichbares in Europa nicht gibt, war ich für das europäische und japanische Automotive Design auf die Recherchen von privaten Enthusiasten angewiesen, die häufig einem einzelnen Designer huldigen und versuchen, Informationen über sein Leben und seine Arbeit einer breiteren Öffentlichkeit zugänglich zu machen. Meine Aufgabe war es, verschiedene Quellen auf Plausibilität und Konsistenz hin zu überprüfen und zusammenzuführen. Nicht immer konnten alle Daten verifiziert werden.

Entwicklung des Automobildesigns in den USA und Europa

Die Grafik zeigt ausschnitthaft die Entwicklung des Automobildesigns vom Kutschenbau bis zu den Corporate Designabteilungen der großen Konzerne. Seit 1990 haben alle international agierenden Automobilhersteller eigene Designabteilungen; sie sind in dieser Übersicht nicht aufgeführt.

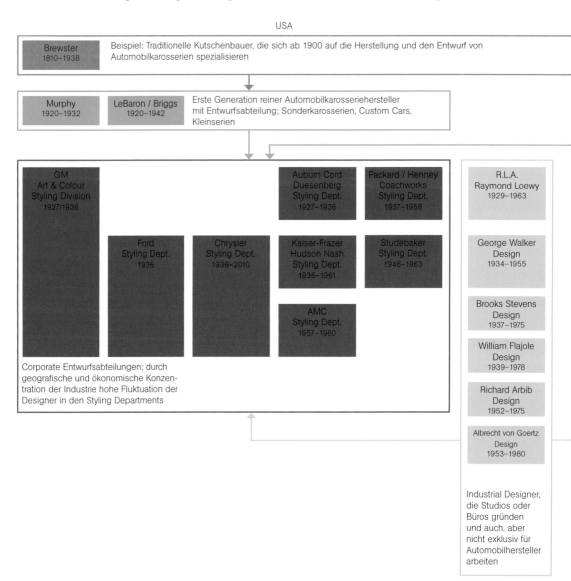

USA

Brewster
1810–1938

Beispiel: Traditionelle Kutschenbauer, die sich ab 1900 auf die Herstellung und den Entwurf von Automobilkarosserien spezialisieren

Murphy
1920–1932

LeBaron / Briggs
1920–1942

Erste Generation reiner Automobilkarosseriehersteller mit Entwurfsabteilung; Sonderkarosserien, Custom Cars, Kleinserien

GM
Art & Colour
Styling Division
1927/1936

Ford
Styling Dept.
1936

Chrysler
Styling Dept.
1936–2010

Auburn Cord
Duesenberg
Styling Dept.
1927–1936

Packard / Henney
Coachworks
Styling Dept.
1937–1958

Kaiser-Frazer
Hudson Nash
Styling Dept.
1936–1961

Studebaker
Styling Dept.
1946–1963

AMC
Styling Dept.
1957–1980

R.L.A.
Raymond Loewy
1929–1963

George Walker
Design
1934–1955

Brooks Stevens
Design
1937–1975

William Flajole
Design
1939–1978

Richard Arbib
Design
1952–1975

Albrecht von Goertz
Design
1953–1980

Corporate Entwurfsabteilungen; durch geografische und ökonomische Konzentration der Industrie hohe Fluktuation der Designer in den Styling Departments

Industrial Designer, die Studios oder Büros gründen und auch, aber nicht exklusiv für Automobilhersteller arbeiten

Europa

Hooper
1805–1959

Saoutchik	Letourneur & Marchand	Gurney Nutting		Stabilimenti Farina	Fissore Carrozz.
1905–1956	1905–1955	1918–1948		1919–1953	1920–1984

Ghia	Touring	Vignale		Pininfarina	Bertone
1934–1968	1934–1967	1934–1967		1930–2015	1934–2014

Chapron	Figoni & Falaschi
1919–1985	1935–1955

Scaglietti	Erste Generation reiner Automobilkarosserieher-
1951–1975	steller mit Entwurfsabteilung; Sonderkarosserien, Kleinst- und Kleinserienfertigung

Frua	Michelotti
1939–1982	1949–1975

BMW Styling	Style Citroën	Daimler-Benz Stylistics
1936/1970	1937	1950

Schwerpunkt Entwurf und Prototypenbau, teilweise Kleinserienfertigung; Status einer externen Entwurfsabteilung bei Herstellern ohne eigene Stylingabteilung

Centro Stile Fiat	Ford Europe Styling	Rover Styling
1957	1957/1961	1955
		BLMC / BL

P. Charbonneaux
1947–1981

Ogle Design
1954–1985

Style Renault	Style Simca/Matra/Chrysler	Opel Styling
1961	1960	1964

Giugiaro Italdesign
1968–2015

I.De.A Institute
1978

Corporate Entwurfsabtei-lungen, häufig erst nach 1950 gegründet und oft der Karosserienentwicklung unterstellt; bis 1980 auch externe Entwurfsleistungen

Industrial Designer, die Studios und Büros gründen und auch, aber nicht exklusiv für Automobilhersteller arbeiten

Hersteller ohne eigene Designabteilung (1950–1990)

Mercedes-Benz: 34, 36, 43, 50, 53, 56, 58, 60, 64, 80, 87, 99, 107, 109, 114, 116, 118, 123, 124, 143, 158, 160, 162, 171, 174, 185, 186

Mercury: 19, 66, 78, 94, 98, 113, 125, 145, 146, 173, 177, 181, 184

MG: 34, 71, 97, 105, 137, 143, 175

Monteverdi: 103, 105

Morris: 27, 34, 56, 82, 115

Nardi: 142, 144

Nash: 34, 44, 65, 104, 132, 150, 152, 155, 158, 161, 184

Nissan: 59, 104, 112, 131, 140, 148, 152, 167

NSU: 57, 72, 87, 105, 134, 167

Oldsmobile: 65, 83, 85, 137, 140, 147, 156, 159, 176

Opel: 19, 32, 36, 43, 69, 70, 72, 84, 85, 93, 99, 105, 106, 115, 117, 120, 124, 127, 136, 137, 141, 144, 148, 169, 170

OSCA: 77, 103, 105, 182

Packard: 44, 66, 79, 82, 83, 89, 90, 94, 112, 113, 114, 115, 125, 128, 136, 140, 151, 155, 161, 171, 176, 181

Panhard: 15, 16, 75, 92, 105, 151

Pegaso: 162, 163

Peugeot: 20, 34, 50, 52, 57, 65, 75, 79, 80, 81, 87, 92, 105, 139, 151, 152, 153, 163, 183, 186

Plymouth: 94, 98, 115, 162,

Pontiac: 25, 85, 86, 115, 143, 147, 154, 156, 159, 171

Reliant: 123, 142, 180

Renault: 34, 70, 72, 78, 84, 86, 91, 92, 103, 105, 108, 109, 121, 131, 149, 150, 154, 170, 183

Riley: 82

Rolls-Royce: 24, 33, 69, 76, 99, 105, 114, 139, 151

Rometsch: 70, 86

Rover: 67, 68, 100, 137, 175, 180, 188

Saab: 32, 86, 99, 165

Salmson: 84, 91

Shelby: 81

Simca: 66, 72, 75, 80, 102, 110, 126, 130, 131, 149, 157, 183

SsangYong: 107

Steyr: 122, 124, 129, 130, 186

Studebaker: 18, 79, 82, 83, 95, 100, 112, 125, 132, 133, 138, 140, 151, 155, 162, 171, 174

Sunbeam: 67

Talbot-Lago: 91, 102, 104, 135, 151, 162

Tata: 117

Tatra: 49, 53, 118, 129, 182, 183

Toyota: 112, 137, 148, 175

Trabant: 93

Triumph: 57, 137, 139, 142, 180

Tucker: 127, 161, 180, 181

TVR: 103, 187

Vauxhall: 85, 119

Volvo: 32, 71, 72, 73, 86, 87, 100, 105, 108, 109, 110, 140, 187

Wartburg: 93

White: 161

Willys: 147, 174

Banham, Reyner: „The Machine Aesthetic" In: *Design by Choice*, London 1981, S. 44–47.

Banham, Reyner: „Design by Choice" In: *Design by Choice*, London 1981, S. 97–107.

Banham, Reyner: „A Throw-away Aesthetic" In: *Design by Choice*, London 1981, S. 90–93.

Banham, Reyner: „The End of Insolence" In: *Design by Choice*, London 1981, S. 121–123.

Banham, Reyner: „Vehicles of Desire" In: *Modern Dreams. The Rise and Fall and Rise of Pop*, London 1988, S. 65–70.

Barthes, Roland: „Der neue Citroën" In: *Mythen des Alltags*, Frankfurt 2012, S. 196–198.

Brino, Giovanne: *Carlo Mollino*, München 1988.

Bürgle, Klaus/von Frankenberg, Richard: *Autotypen*, Stuttgart 1970.

Buchholz, Kai/Wolbert, Klaus (Hrsg.): *Im Designerpark. Leben in künstlichen Welten*, Darmstadt 2004.

Bourdieu, Pierre: *Die feinen Unterschiede. Zur Kritik der gesellschaftlichen Urteilskraft*, Frankfurt 1982.

Caspers, Markus: *70er – einmal Zukunft und zurück*, Köln 1997.

Caspers, Markus: *Induzierte Bewegung. Theorie und Geschichte des Automobildesigns*, Gießen 2009.

Erni, Peter: *Die gute Form*, Baden 1983.

Garner, Philippe: *Sixties Design*, Köln 2003.

Gartman, David: „A History of Scholarship on American Automobile Design" In: *http://www.autolife.umd.umich.edu/Design/Gartman/D_Overview.htm* Zugriff am 25.05.2016

Gartman, David: „Tough Guys and Pretty Boys: The Cultural Antagonisms of Engineering and Aesthetics" In: *http://www.autolife.umd.umich.edu/Design/Gartman/D_Casestudy/Tough.htm* Zugriff am 25.05.2016

Giedion, Siegfried: *Die Herrschaft der Mechanisierung*, Frankfurt 1982.

Glaser, Herrmann: *Das Automobil. Eine Kulturgeschichte in Bildern*, München 1986.

Guzzo, Terry: „Le mythe revisité par Roland Barthes" In: *Retroviseur #208*, 1/2006, S. 20–23.

Hauffe, Thomas: *Geschichte des Designs*, Köln 2014.

Haug, Wolfgang Fritz: (Hrsg.) *Warenästhetik. Beiträge zur Diskussion*, Frankfurt 1975.

Lamm, Michael/Holls, Dave: *A Century of Automotive Style: 100 Years of American Car Design*, Stockton, CA 1996.

Katona, George: „Automobiles and Housing for the Masses" In: *The Mass Consumption Society*. New York 1964.

Kieselbach, Ralf (Hrsg.): *The drive to design*, Stuttgart 1998.

Krausse, Joachim: „La Deux Chevaux – Auto fürs Existenzminimum" In: *Absolut modern sein. Culture technique in Frankreich 1889–1937*. Berlin 1986, S. 285–305.

Löbach, Bernd: *Kritische Designtheorie. Aufsätze 1974–2001*, Cremmingen 2003.

Loewy, Raymond: *Hässlichkeit verkauft sich schlecht*, Düsseldorf 1993.

Malossi, Giannino (Hrsg.): *This was tomorrow. Pop from Style to Revival*, Mailand 1990.

Mana, Jordi: *Design. Formgebung industrieller Produkte*, Reinbek 1978.

Margolius, Ivan: *Automobiles by Architects*, London 2000.

von Mende, Hans-Ulrich: *Styling. Automobiles Design*, Stuttgart 1979.

Meurer, Bernd/Vinçon Hartmut: *Industrielle Ästhetik. Zur Geschichte und Theorie der Gestaltung*, Gießen 1983.

von Moos, Stanislaus (Hrsg.): *L'esprit nouveau. Le Corbusier und die Industrie 1920-1925*, Berlin/Zürich 1987.

Möser, Kurt: *Geschichte des Autos*, Mannheim 2002

Nicholson, T. R.: *Personenwagen 1905–1912*, Zürich 1971.

Nicholson, T. R.: *Personenwagen 1913–1923*, Zürich 1971.

Petsch, Joachim: *Geschichte des Auto-Design*, Köln 1982.

Pevsner, Nikolaus. *Wegbereiter moderner Formgebung*, Hamburg 1957.

Polster, Bernd/Patton, Phil: *Autodesign International. Marken, Modelle und ihre Macher*, Köln 2010.

Reifenrath, Christoph: *Automobil-Design. Geschichte und Zukunft*, Düsseldorf 1993.

Schlör, Karl: „Entwicklung und Bau einer luftwiderstandsarmen Karosserie auf einem 1,7-Ltr-Heckmotor Mercedes-Benz-Fahrgestell". In: *Deutsche Kraftfahrtforschung–Technischer Forschungsbericht/ Zwischenbericht Nr. 48*, Göttingen1938.

Schrader, Halwart: *Automobil Faszination*, München 1982.

Selle, Gerd: *Design-Geschichte in Deutschland. Produktkultur als Entwurf und Erfahrung*, Köln 1990.

Tuminelli, Paolo: *Car Design*, Kempen 2004.

Internetquellen

http://americanhistory.si.edu
http://blog.hemmings.com
http://carsablanca.de/Magazin/automobil-design
http://deansgarage.com
http://design.designmuseum.org
http://europe.autonews.com
http://mastersofcardesign.blogspot.com
http://renaultconcepts.online.fr
http://www-old.idsa.org
http://www.allpar.com/corporate/bios
http://www.andrewfjohnsongallery.com

http://www.autodesignclub.com
http://www.autolife.umd.umich.edu
http://www.automobilemag.com
http://www.automotivehalloffame.org
http://www.bmwism.com/bmws_designers.htm
http://www.carstyling.ru
http://www.coachbuilt.com
http://www.harleyjearl.com/timeline
http://www.industrialdesignhistory.com
http://www.italianways.com
http://www.karmannghia.it
http://www.kustomrama.com

http://www.mercedes-fans.de
http://www.motorcities.org
http://www.raymondloewy.com
http://www.retronaut.com
http://www.simoncars.co.uk
http://www.studiotorino.com
http://www.thetruthaboutcars.com
http://www.viaretro.com
http://www2.artcenter.edu
https://mercedes-benz-publicarchive.com
https://opelpost.com
https://www.mercedes-seite.de

Bildnachweis

Archivio Storico Alfa Romeo
Archivio Storico Bertone
Archivio Storico Lancia
Archivio Storico Pininfarina
Aston Martin Cars Ltd.
Art Center College Pasadena, CA
Audi AG
BMW AG
British Leyland Heritage Center
Chrysler Co.
Daimler AG
DLR Deutsches Institut für Luft- und Raumfahrt Göttingen
Ferrari S.p.A.
Fiat Chrysler Automobiles
Ford AG
Ford Motor Co.

General Motors Co.
Jaguar Cars Ltd.
Lamborghini S.p.A.
Land Rover Ltd.
Lotus Cars Ltd.
Library of Congress Prints and Photographs Division, Washington, D.C
Markus Caspers
Maserati S.p.A.
Mazda Motor Corp.
NASA
Adam Opel AG
Peugeot Citroën PSA
Porsche AG
Raymond Loewy Foundation
Renault S.A.S
Saab AB

Skoda Auto
Svenska Tekniska Museet
Toyota Motor Corp.
Vauxhall Motors
Volkswagen AG
Volvo Cars
Wikipedia/WikiCommons

Weitere Abbildungen stammen aus dem Archiv des Autors (historische Prospekte, Anzeigen, Werbematerialien). Nicht für alle Abbildungen konnten die Originalquellen und Rechteinhaber ausfindig gemacht werden.